500 Hidden Secrets

LISSABON

BRUCKMANN

EINLEITUNG

Lissabon hat eine mehr als 1000-jährige Geschichte. Die Stadt war eine der ersten Weltmetropolen und erlebte im Zeitalter der Entdeckungen einen enormen Aufschwung. Heute ist sie aber auch die pulsierendste und jugendlichste Hauptstadt Europas. Die Stadt hat die perfekte Balance zwischen diesen beiden Identitäten gefunden: Lissabon, das sowohl mit seinem Erbe als auch mit der wachsenden Modernität vertraut ist, atmet eine strahlende Wohlfühlatmosphäre, auch dank seiner farbenfrohen und poetischen Bewohner.

Lissabon ist so viele Dinge in einem: Es ist eine europäische Hauptstadt, aber mit dem Gefühl eines kleinen ländlichen Dorfes, mit vielfältigen und unverwechselbaren Stadtvierteln; es ist anspruchsvoll und zeitgemäß, aber auch einladend und leicht zugänglich. Es hat wunderschöne versteckte Ecken, in denen die Zeit stillzustehen scheint und wo Fado-Musik einen sanften Soundtrack bietet, aber es ist auch ein immer beliebteres gastronomisches Ziel, mit vielen ethnischen Restaurants, die die Einflüsse entfernter Kulturen vermischen und preisgekrönte portugiesische Weine servieren. Es gibt eine Million Dinge zu sehen und zu tun und noch mehr zu schmecken und zu genießen.

Dieses Buch wird Ihnen helfen, die Seele dieser bemerkenswerten Stadt zu entdecken, indem es Sie zu den 5 besten Orten führt, um Leute zu treffen, oder zu den 5 besten Restaurants, um wie ein Portugiese zu essen. Es verrät Ihnen, was Sie über die 5 besten Weine aus dem Lissabon-Gebiet und 5 einzigartige Standseilbahnen und Vertikallifte wissen müssen – die übrigens in einer Stadt mit so vielen Hügeln sehr hilfreich sind.

ÜBER DAS BUCH

Dieser Ratgeber listet 500 Dinge, die Sie über Lissabon wissen müssen, in 100 verschiedenen Kategorien auf. Die meisten davon sind Orte, die man besuchen kann, mit praktischen Informationen, die helfen, sich zurechtzufinden. Andere Informationen unterstützen dabei, die Stadt und ihre Bewohner besser kennenzulernen. Das Ziel dieses Ratgebers ist es, zu inspirieren, und nicht, die Stadt in ihrer Gänze kennenzulernen.

Die im Stadtführer aufgeführten Orte beinhalten eine Adresse mit einem Stadtteil (z. B. Príncipe Real oder Chiado) und einer Nummer. Der Bezirk und die Nummer ermöglichen es Ihnen, die Orte auf den Karten am Anfang des Buches zu finden. Suchen Sie nach der Karte des entsprechenden Bezirks, dann suchen Sie nach der Nummer. Aber Vorsicht: Diese Karten sind nicht detailliert genug, um bestimmte Orte in der Stadt zu finden. Eine gute Karte erhalten Sie in jeder Touristeninformation oder in den meisten guten Hotels. Oder die Adressen können auf einem Smartphone gefunden werden.

Bitte beachten Sie, dass sich Städte ständig ändern. Der Chefkoch, der an einem Tag hochklassig war, kann an dem Tag, an dem Sie ihn besuchen, uninspirierend sein. Das in diesem Buch herausragend rezensierte Hotel könnte unter einem neuen Manager an Qualität verlieren. Die Bar, die als einer der 5 besten Orte für Livemusik gilt, könnte in der Nacht, in der Sie sie besuchen, leer sein. Dies ist natürlich eine sehr persönliche Auswahl. Wenn Sie einen Kommentar schreiben, eine Bar empfehlen oder Ihren Lieblingsort preisgeben möchten, können Sie sich an den Verlag wenden oder folgen Sie *@500hiddensecrets* auf Instagram und hinterlassen Sie einen Kommentar – dort finden Sie auch kostenlose Tipps und die neuesten Nachrichten zur Buchreihe.

DER AUTOR

Der gebürtige *Lisboeta* Miguel Júdice ist Gastro-Unternehmer und leidenschaftlicher Restaurateur. Er ist außerdem ehemaliger Präsident des portugiesischen Hotelverbands, freier Schriftsteller, Fotograf, Hobbykoch und begeisterter Weltenbummler. Doch er kommt immer wieder nach Hause nach Lissabon. Vom raffinierten Liberdade-Viertel bis zum Szeneviertel Bairro Alto, vom bescheidenen Belém bis zum authentischen Alfama: Júdice kennt alle geheimen Orte von Lissabon, die Menschen und Traditionen der Stadt. Auf einer Chiado-Terrasse trinkt er Kaffee, genießt mit Freunden in Príncipe Real nach Feierabend einen Drink oder spaziert mit der Kamera in der Hand durch das historische Alfama-Viertel, um Bilder aus dem Alltag anderer Einheimischer aufzunehmen.

Und er empfiehlt Ihnen, nicht nur die wichtigsten Sehenswürdigkeiten zu besuchen, sondern auch das tägliche Leben zu entdecken.

Durchqueren Sie die labyrinthartigen Viertel und genießen Sie es, sich zu verirren. Spüren Sie die Vielfalt der Kulturen und den Menschen, die die Stadt zum Leben erwecken. Genießen Sie die Aussicht von den vielen Terrassen am Flussufer. Gehen Sie auf Schatzsuche und Schnäppchenjagd in Feira da Ladra oder auf anderen Flohmärkten in der Stadt. Besuchen Sie die üppigen Gärten von Lissabon und lassen Sie sich von lokalen Backwaren und Getränken verwöhnen. Vor allem aber können Sie sich mit den warmherzigen und freundlichen Einheimischen unterhalten: Sie werden angenehm überrascht sein von ihrer aufrichtigen Freundlichkeit. Sie werden immer mit aufschlussreichen Vorschlägen für Sehenswürdigkeiten und Aktivitäten enden, und Sie werden wahrscheinlich neue Freunde finden.

LISSABON
Überblick

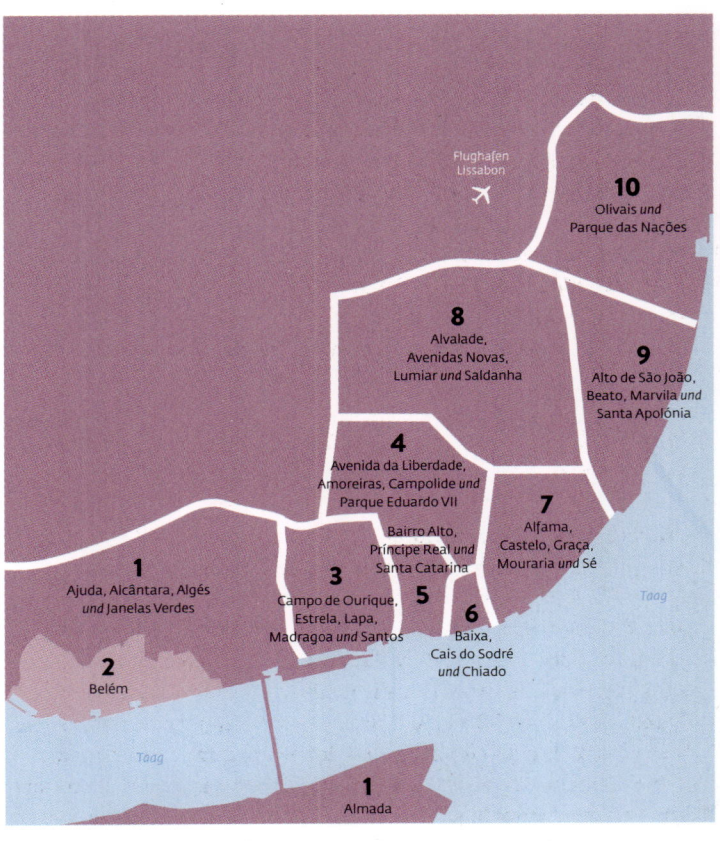

10 Olivais *und* Parque das Nações

Flughafen Lissabon

8 Alvalade, Avenidas Novas, Lumiar *und* Saldanha

9 Alto de São João, Beato, Marvila *und* Santa Apolónia

4 Avenida da Liberdade, Amoreiras, Campolide *und* Parque Eduardo VII

7 Alfama, Castelo, Graça, Mouraria *und* Sé

Bairro Alto, Príncipe Real *und* Santa Catarina

1 Ajuda, Alcântara, Algés *und* Janelas Verdes

3 Campo de Ourique, Estrela, Lapa, Madragoa *und* Santos

5

6 Baixa, Cais do Sodré *und* Chiado

Taag

2 Belém

Taag

1 Almada

Karte 1

AJUDA, ALCÂNTARA, ALGÉS, ALMADA *und* JANELAS VERDES

92 ↓

↑ 108   ↑ 107

Estrada Montes Claros

Estrada Alvito

Avenida da Ponte

Av. Ceuta

Av. Infante Santo

307

Cemitério
dos Prazeres

Tapada das
Necessidades

Calçada da Tapada

90

Rua de Cascais

412

282

183
193
49   198
156

Rua da Junqueira

277

341 342
159 343 344
345

Avenida Brasília

Avenida Brasília

Ponte 25 de Abril

Taag

247   93 ↓ 276

Karte 2

BELÉM

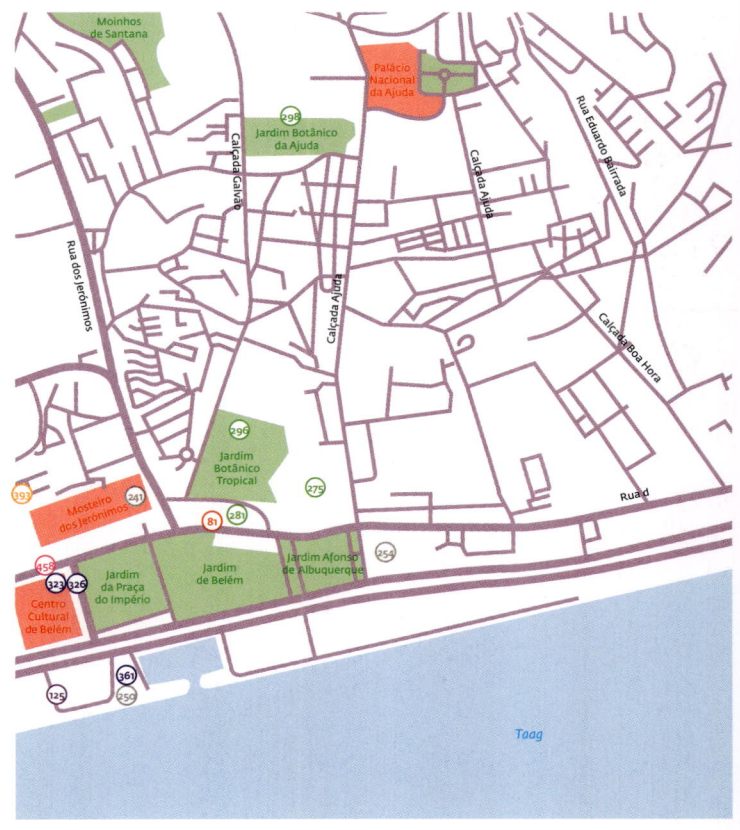

Moinhos
de Santana

Palácio
Nacional
da Ajuda

Jardim Botânico
da Ajuda

298

Calçada Galvão

Calçada Ajuda

Rua Eduardo Bairrada

Rua dos Jerónimos

Calçada Ajuda

Calçada Boa Hora

296

Jardim
Botânico
Tropical

275

Rua d

193

Mosteiro
dos Jerónimos

241

81   281

Jardim Afonso
de Albuquerque

254

458

Jardim
da Praça
do Império

Jardim
de Belém

323 326

Centro
Cultural
de Belém

361

125   250

Taag

Karte 3

CAMPO DE OURIQUE, ESTRELA, LAPA, MADRAGOA *und* SANTOS

Karte 4

AVENIDA DA LIBERDADE, AMOREIRAS, CAMPOLIDE *und* PARQUE EDUARDO VII

Karte 5

BAIRRO ALTO, PRÍNCIPE REAL
und SANTA CATARINA

Karte 6

BAIXA, CAIS DO SODRÉ
und CHIADO

Karte 7

ALFAMA, CASTELO, GRAÇA, MOURARIA *und* SÉ

Rua dos Sapadores

Rua do Vale de Santo António

Av. Almirante Reis

Rua da Senhora da Glória

Escola Básica e Secundária Gil Vicente

J. Botto Machado

Av. Infante Dom Henrique

Rua Teixeira Lopes

Costa do Castelo

196 · 246

72

259 · 427

Castelo de São Jorge

36

84

122 · 102

27 · 124 · 123

364

146

95 · 454

279

104 · 148 · 15 · 357

182

Rua da Madalena

423

245 · 147 · 422

54 · 444

Av. Infante Dom Henrique

Taag

Karte 8

ALVALADE, AVENIDAS NOVAS, LUMIAR und SALDANHA

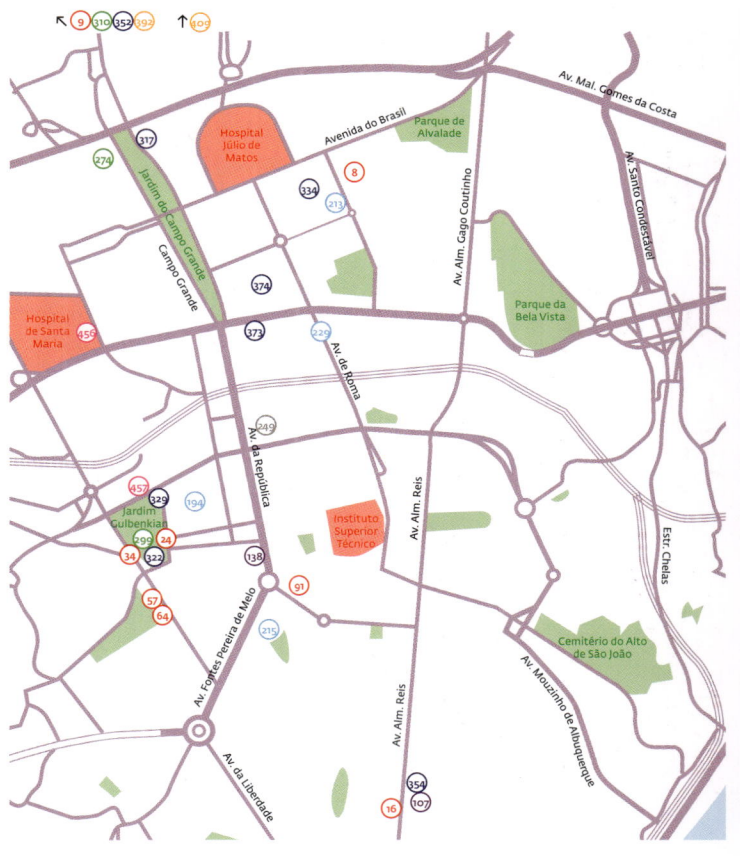

Karte 9

ALTO DE SÃO JOÃO, BEATO,

MARVILA *und* SANTA APOLÓNIA

Karte 10

OLIVAIS *und*

PARQUE DAS NAÇÕES

105 ORTE ZUM ESSEN GEHEN ODER ESSEN KAUFEN

Die 5
SCHÖNSTEN
RESTAURANTS

---

1 **PHARMACIA**
Rua Marechal
Saldanha 1
Santa Catarina ⑤
+351 21 346 2146

In diesem einzigartigen Restaurant im Apothekenmuseum ist alles mit dem Thema der alten Apotheken verbunden. Das von Chefköchin Susana Felicidade kreierte Komfortmenü ist pure Glückseligkeit auf dem Teller. Es gibt auch eine große Terrasse mit Blick auf den charmanten Platz von Santa Catarina.

2 **CASA DE PASTO**
Rua de São Paulo 20
1° andar
Cais do Sodré ⑥
+351 96 373 9979
www.casadepasto.com

Ein cooles Restaurant in einem der angesagtesten Viertel der Stadt für Feinschmecker. Die Gerichte auf der Speisekarte sind innovativ und rustikal zugleich. Sie passen perfekt zu der sehr originellen Einrichtung, die bewusst kitschig den Stil der traditionellen portugiesischen Häuser widerspiegelt.

3 **TAVARES**
Rua da
Misericórdia 35
Chiado ⑥
+351 21 342 1112
www.restaurante
tavares.net

Dies ist das älteste erhaltene Lokal des Landes. Es stammt aus dem Jahr 1784 und serviert aus Tradition klassische Küche mit französischer Inspiration. Der auffällige Speisesaal ist mit vergoldeten Holz- und Stuckarbeiten, Kronleuchtern und Spiegeln verziert.

4 TRAVESSA

Tv. do Convento das
Bernardas 12
Madragoa ③
+351 21 394 0800
www.atravessa.com

Das portugiesisch-belgische Duo Antonio
und Viviane besitzt Travessa seit mehr
als zwei Jahrzehnten. Das Restaurant
befindet sich in einem alten Kloster im
Herzen der traditionellen Madragoa und
zieht eine gemischte Gruppe von Gästen
an, die alle wegen des leckeren Essens
und des großartigen Service kommen.

5 JNCQUOI

Av. da Liberdade
182–184
Av. da Liberdade ④
+351 21 936 9900
www.jncquoi.com

Diese neue Ergänzung der Lissabonner
Gastronomie- und Barszene hat ein sehr
anspruchsvolles Erscheinungsbild und
fügt sich perfekt in die modische Avenida
da Liberdade ein. In einer coolen Umgebung, die von der Nachbildung eines Di-
nosaurierskeletts dominiert wird, können
Sie im Barbereich eine leichte Mahlzeit
zu sich nehmen. Im Restaurant gibt es
innovative portugiesische Küche.

3 TAVARES

Die 5 besten Restaurants, um wie ein
EINHEIMISCHER ZU ESSEN

---

6 **STOP DO BAIRRO**
Rua Marquês de
Fronteira 173A
Campolide ④
+351 21 585 2893

Nach vielen Jahren in Campo de Ourique zog Stop do Bairro in das benachbarte Viertel. Das Restaurant ist bei Einheimischen beliebt. Sie schätzen die warme portugiesische Küche, die sehr guten Preise und die bodenständige Atmosphäre. Das Restaurant ist klein und immer gut besucht.

7 **PRIMAVERA DO JERÓNIMO**
Tv. da Espera 34
Bairro Alto ⑤
+351 21 342 0477

Die Wände sind mit Fotos berühmter Persönlichkeiten bedeckt, die dieses kleine und einfache Restaurant in Bairro Alto besucht haben, etwa Josephine Baker. Das Essen wird nach traditioneller Art zubereitet, was Primavera do Jerónimo ein wohnliches Gefühl verleiht.

8 **SALSA & COENTROS**
Rua Coronel
Marques Leitão 12
Alvalade ⑧
+351 21 841 0990
www.salsaecoentros.pt

Salsa & Coentros befindet sich in der Nähe des Flughafens, etwas abseits der Touristenpfade und weit weg von den Gegenden, in denen Ausländer sich gerne aufhalten und essen gehen, aber es lohnt sich auf jeden Fall. Es handelt sich um eines der am häufigsten ausgezeichneten Restaurants der Stadt und ist für seine traditionellen Gerichte aus der Region Alentejo bekannt.

9 GALITO

Rua Adelaide Cabete 7
Lumiar ⑧
+351 21 711 1088

Galito ist der ideale Ort, um traditionelle Gerichte aus dem Alentejo zu probieren. Es ist eines jener Restaurants, in denen man die Anwesenheit und Wärme der Besitzer, die sich um die Küche und den Service kümmern, wirklich spürt. An den Wänden hängen Ausschnitte aus jahrzehntelanger positiver Medienbericht-erstattung. Bestellen Sie die *sopa de cação* und eines der Lammgerichte.

10 PARREIRINHA DO MINHO

Rua Francisco Metrass 47–49
Campo de Ourique ③
+351 21 396 9028

Hier werden Ihnen perfekt gegrilltes Fleisch und Fisch serviert. Parreirinha do Minho ist ein warmes, familiengeführtes Nachbarschaftsrestaurant, das sich haupt-sächlich an Einheimische richtet. Einige essen hier jede Woche.

Die 5 besten Restaurants
mit einer coolen L I S S A B O N - A T M O S P H Ä R E

---

11 **100 MANEIRAS**
Largo da Trindade 9
Chiado ⑥
+351 91 030 7575
www.restaurante
100maneiras.com

100 Maneiras ist im Besitz von Ljubomir Stanisic, einem in Sarajevo geborenen und in Belgrad aufgewachsenen Koch. Die Atmosphäre ist eine der besten in der Stadt, und das Essen wird den Erwartungen gerecht. Es gibt Gerichte, die von den kulinarischen Traditionen Portugals, Frankreichs und Jugoslawiens inspiriert sind, aber mit einer gewagten Note. Sie sind das Markenzeichen von Stanisic, der sich weigert, sich aus Respekt vor der Vergangenheit gehemmt zu fühlen.

12 **MINI BAR**
Rua António Maria
Cardoso 58
Chiado ⑥
+351 21 130 5393
www.minibar.pt

Starkoch José Avillez eröffnete dieses Gastropub in einem ehemaligen Theater um die Ecke seines Zwei-Michelin-Sterne-Restaurants Belcanto (S. 50). Auf der Speisekarte der Mini Bar stehen zahlreiche Tapas im portugiesischen Stil. Die Ausstattung erinnert an die theatralische Vergangenheit des Gebäudes und ist ungezwungen und schick zugleich.

13 TABERNA MODERNA

Rua dos
Bacalhoeiros 18A
Baixa ⑥
+351 21 886 5039
www.tabernamoderna.
com

Taberna Moderna liegt am Rande von Alfama und ist im wahrsten Sinne des Wortes das, was der Name auf Portugiesisch bedeutet, nämlich eine moderne Taverne. Die Besitzer ließen sich von den traditionellen kleinen Restaurants inspirieren, gaben dem Konzept aber einen zeitgemäßen Touch.

14 THE DECADENTE

Rua de São Pedro de
Alcântara 81
Chiado ⑥
+351 21 346 1381
www.thedecadente.pt

The Decadente, das von den Brüdern Eça Leal ins Leben gerufen wurde, ist mit ihrem preisgekrönten Hostel verbunden. Es ist einer der Hotspots der Stadt mit einer großartigen Atmosphäre und einem internationalen Publikum.

15 SANTO ANTÓNIO DE ALFAMA

Beco de São Miguel 7
Alfama ⑦
+351 21 888 1328
www.siteantonio.com

Dieses dreistöckige Restaurant hat eine erstaunliche Lage. Versuchen Sie unbedingt, einen Tisch auf der außergewöhnlichen Außenterrasse zu bekommen, die sich in einer kleinen, mit Weinreben bedeckten Gasse befindet.

14 THE DECADENTE

Die 5 besten Restaurants für
FISCH UND MEERESFRÜCHTE

---

16 RAMIRO

Avenida Almirante Reis 1 – H
Baixa ⑧
+351 21 885 1024
www.cervejaria ramiro.pt

Das berühmteste Fischrestaurant in Lissabon, Ramiro, gibt es schon seit einem halben Jahrhundert, es zieht kulinarische Liebhaber aus aller Welt an. Die Qualität des hier servierten Fischs und der Meeresfrüchte ist absolut überragend – alles wird täglich in den kalten Gewässern des Atlantiks gefangen und perfekt zubereitet. Reservieren Sie unbedingt einen Tisch, da dieses Restaurant jeden Abend voll ist.

17 SEA ME

Rua do Loreto 21
Chiado ⑥
+351 21 346 1564
www.peixaria moderna.com

Sea Me nennt sich selbst einen »modernen Fischmarkt«, auf dem Sie Fisch und Meeresfrüchte essen und/oder kaufen können. Eine Auswahl des Angebots kommt direkt aus den Salzwassertanks vor Ort mit lebenden Meeresfrüchten. Im Restaurant reicht das Angebot von lokalen Spezialitäten bis hin zu Sushi, das mit dem frischen Fisch zubereitet wird.

18 IBO MARISQUEIRA

**Rua da Cintura
do Porto 22
Cais do Sodré ⑥
+351 21 342 3611
*www.ibo-restaurante.pt***

Ein ehemaliges Salzlager am Fluss beherbergt eines der einzigartigsten Restaurants der Stadt: IBO Marisqueira. Das Essen ist inspiriert von der Küche der ehemaligen portugiesischen Kolonie in Mosambik, mit einigen Einflüssen aus Goa (Indien). Probieren Sie die Jakobsmuscheln, die größten und köstlichsten, die Sie je gegessen haben.

19 AQUI HÁ PEIXE

**Rua da Trindade 18A
Chiado ⑥
+351 21 343 2154
*www.aquihapeixe.pt***

Bei Aqui há Peixe können Sie sich sicher sein, dass Sie erstklassige Fischqualität im Angebot finden werden, die von Küchenchef und Restaurantbesitzer Miguel Reino perfekt gegrillt wurde. Er und seine Frau Mafalda sind erfahrene Jet-Set-Restaurateure mit begeisterten Fans, die ihnen folgten, nachdem sie ihr Geschäft vom Hippie-Chic-Strand Pego in Comporta nach Chiado verlegt hatten.

20 MARISQUEIRA AZUL

**Mercado da Ribeira,
Av. 24 de Julho 49
Cais do Sodré ⑥
+351 21 131 8599**

Dieses Restaurant im Außenbereich des Mercado da Ribeira (S. 114) befindet sich direkt neben den Fischständen, die die besten und frischesten Meeresfrüchte der Stadt verkaufen, sodass Sie sicher sein können, dass die Qualität der Produkte hier erstklassig ist. Das angesagte und urbane Erscheinungsbild unterscheidet sich deutlich von der typischen Fischrestaurant-Atmosphäre.

Die 5 besten
ASIATISCHEN
Restaurants

---

21 CAXEMIRA

Rua Condes de
Monsanto 4
Baixa ⑥
+351 21 886 5486

Dieses Restaurant ist eine großartige Wahl für all diejenigen, die die indische Küche mögen. Caxemira befindet sich in der ersten Etage an der Praça da Figueira und ist ziemlich versteckt. Es ist schwer, einen Tisch zu bekommen, reservieren Sie also unbedingt. Das Restaurant ist bekannt für seine traditionellen Gerichte, etwa Samosas und Garnelencurry mit Kokosnusssoße. Zum Nachtisch probieren Sie die *bebinca*.

22 BOA BAO

Largo Rafael Bordalo
Pinheiro 30
Chiado ⑥
+351 91 902 3030
www.boabao.pt

Boa Bao traf Lissabon wie ein Erdbeben, als es Anfang 2017 eröffnet wurde. Gregg Hupert und seine Frau Nathalie brachten ein sehr starkes Konzept in die Stadt und achteten auf jedes noch so kleine Detail im Design. Die Warteschlangen im Freien sprechen für sich: Die Einheimischen lieben diesen Ort und die Qualität der panasiatischen Küche, die hier serviert wird.

23 DINASTIA TANG

Rua do Açúcar 107
Beato ⑨
+351 21 812 3349
www.restaurante-
chines.com

Dinastia Tang befindet sich in einem alten Weinlager im aufstrebenden Beato-Viertel und ist ein wahrhaft herausragendes Restaurant, das echte chinesische Küche aus Guangzhou serviert. Die magische Kulisse führt Sie zurück in die Ming- und Tang-Dynastien.

24 GO JUU

Rua Marquês Sá da
Bandeira 46
Avenidas Novas ⑧
+351 21 828 0704

Go Juu begann als privater Club für Sushi-Liebhaber: Nur Mitglieder und ihre Freunde durften ihn betreten. Nach und nach öffnete sich das Restaurant auch für Nicht-Mitglieder. Heute heißt es alle Sushi-Liebhaber willkommen, die sich in diesem weniger touristischen Teil der Stadt aufhalten, um das wahrscheinlich beste japanische Essen in Lissabon zu genießen.

25 TABERNA JAPONESA

Rua Coelho
da Rocha 20A
Campo de Ourique ③
+351 21 395 5555

Aguinaldo Silva, ehemaliger Sushi-Chefkoch von Yakuza, entschied sich dazu, sich selbstständig zu machen, und eröffnete im Viertel Campo de Ourique ein japanisches Restaurant. Hier sitzt man an einer Holztheke und genießt das fantastische Sushi und Sashimi. Probieren Sie den leckeren schwarzen Kabeljau mit eingelegten Ingwersprossen.

Die 5 besten
KLEINEN
Restaurants

---

26 TABERNA DA RUA DAS FLORES

Rua das Flores 103
Chiado ⑥
+351 21 347 9418

Vor diesem Restaurant stehen immer viele Menschen Schlange, und das ist der Grund: Es werden keine Reservierungen entgegengenommen – und das Restaurant ist klein, das Essen köstlich und sehr preiswert. Dieser kleine Tempel der traditionellen Küche im Besitz des Autodidakten André Magalhães spiegelt die alten *tabernas* von Lissabon sowohl in der Einrichtung als auch in der Küche wider.

27 LEOPOLD

Pátio de Dom
Fradique 12
Castelo ⑦
+351 21 886 1697
*www.facebook.com/
restaurante.leopold*

Gute Neuigkeiten: Dieses einstmals extrem kleine Restaurant hat seinen Sitz von Mouraria in den Palácio Belmonte (S. 218) im Stadtteil Castelo verlegt, wo es etwas mehr Platz für ein paar zusätzliche Tische gibt, sodass nun mehr Gäste die Möglichkeit haben, die exquisiten Gerichte des Küchenchefs Tiago Feio zu probieren. Seine Küche ist sauber, delikat, innovativ und er hat ein gutes Auge für Präsentationen.

28 LOCAL

Rua de O Século 204
Príncipe Real ⑤
+351 92 567 5990
www.facebook.com/
LocalRestauranteLX

Als der junge Chefkoch André Lança Cordeiro dieses 18 Quadratmeter große Restaurant eröffnete (mit nur einem Tisch für zehn Personen), bekam es sofort großartige Rezensionen. Cordeiro und sein Team bereiten vor den Augen der Gäste klassische französische Gerichte zu. Das Restaurant liegt versteckt in einer ruhigen Straße in Príncipe Real.

29 KANAZAWA

R. Damião de Góis 3A
Algés ①
+351 21 301 0292
www.kanazawa.pt

Der japanische Küchenchef Tomoaki Kanazawa, dem auch das berühmte Restaurant Tomo gehört, eröffnete dieses kleine, exklusive Restaurant mit acht Sitzplätzen in Algés. Danach kehrte er nach Japan zurück und übergab die Leitung an Paulo Morais, Portugals führenden asiatischen Küchenchef. Das Menü nimmt Sie mit auf eine Reise durch die kaizeki-Küche, mit Dutzenden von kreativen und schillernden Gerichten.

30 CEVICHERIA

R. Dom Pedro V 129
Príncipe Real ⑤
+351 21 803 8815
www.chefkiko.com

Kiko, Besitzer und Chefkoch der Cevicheria, ist einer der neuen Stars der lokalen Kochszene. Seine Ceviches und Tartares sind so wahnsinnig lecker, dass man jeden Tag Leute findet, die sich auf der Straße vor seinem Restaurant anstellen, in der Hoffnung, einen der begehrten Tische zu bekommen, während sie die berühmten Pisco Sours trinken.

Die 5 besten Orte für
BURGER

---

31 HONORATO

Rua da Palmeira 33A
Príncipe Real ⑤
+351 21 346 0248
www.honorato.pt

Heute ist Honorato eine der größten Burgerketten Portugals mit Niederlassungen in Lissabon und anderen Städten. Ebenso wie einst McDonald's, begann Honorato als kleines Unternehmen, mit einem Restaurant in Príncipe Real, wo Burger-Meister Márcio Honorato seine Magie entfaltete und Ikonen wie X-Tudo, Capitão Fausto und Troika schuf.

32 HAMBURGUERIA DO BAIRRO

Rua Ilha dos Amores 4
Parque das Nações ⑩
+351 21 894 1175
www.hamburgueria
dobairro.com

Hamburgueria do Bairro, eine weitere Burgerkette der Stadt, verfügt über Filialen in Príncipe Real, Santos, Restelo und Parque das Nações, die jeweils eigene Akzente setzen. Auf der Speisekarte stehen elf verschiedene Gerichte, die alle mit 160 Gramm Rindfleisch erster Qualität zubereitet werden, mit Ausnahme eines Burgers, der mit Tofu zubereitet wird. Auch an Vegetarier ist also gedacht.

33 CAIS DA PEDRA

Armazém B, loja 9,
Avenida Infante Dom
Henrique
Santa Apolónia ⑨
+351 21 887 1651
www.caisdapedra.pt

TV-Koch Henrique Sá Pessoa entwarf dieses Burger-Konzept in einem großen alten Lagerhaus am Fluss. Seine Partner besitzen auch die Honorato-Restaurants, aber die Konzepte sind unterschiedlich, da die Rezepte von Cais da Pedra von Henrique kreiert wurden, der es schafft, dem Hackfleisch einen Hauch von Kreativität und Raffinesse zu verleihen.

34 GROUND BURGER

Avenida António
Augusto de Aguiar
148 A
Avenidas Novas ⑧
+351 21 371 717
www.groundburger.com

Ground Burger liegt versteckt an einem kleinen Platz nahe des Gulbenkian-Parks und ist stolz darauf, traditionelle, selbst gemachte American Burgers mit Fleisch vom Black-Angus-Rind zu servieren. Dazu findet man eine große Auswahl an Craft-Bier. Sehr zu empfehlen sind auch die Pommes mit Knoblauch und Rosmarin oder die knusprigen Zwiebelringe.

35 TO.B

Rua Capelo 24
Chiado ⑥
+351 21 347 1046
www.to-burger.com

Alle Burger von TO.B werden aus Fleisch der Azoren-Inseln hergestellt, die für ihre umweltfreundlichen Weideflächen bekannt sind. Der Inhaber, Carlos Cortês, ist ehemaliger Geschäftsführer eines großen portugiesischen Mischkonzerns und immer vor Ort, um das Erlebnis der Gäste persönlicher zu gestalten.

Die 5 besten Orte für eine
GESUNDE MAHLZEIT

36 **THE FOOD TEMPLE**
Beco do Jasmim 18
Mouraria ⑦
+351 21 887 4397
www.thefoodtemple.com

Küchenchefin Alice Ming eröffnete ein veganes Restaurant in einer abgelegenen, kleinen und atemberaubenden Sackgasse im dekadenten Mouraria-Viertel. Die Speisekarte wechselt täglich, je nachdem, was auf dem Markt angeboten wird, aber sie ist immer voller Leidenschaft und Kreativität. Reservieren Sie unbedingt einen Tisch auf den quadratischen Stufen, um ein noch intensiveres Erlebnis zu erfahren.

37 **TIBETANOS**
Rua do Salitre 117
Av. da Liberdade ④
+351 21 314 2038
www.tibetanos.com

Dieses tibetisch inspirierte Restaurant ist mittags und abends geöffnet und ein beliebter Treffpunkt für gesundheitsbewusste Einheimische. Es ist eines der ältesten Veggie-Restaurants der Stadt und Teil einer kulturellen Einrichtung, zu der auch eine buddhistische Schule gehört. Die Hinterhof-Terrasse ist eine gute Wahl in den wärmeren Monaten.

38 MISS SAIGON

**Rua Cais das Naus
Parque das Nações ⑩
+351 21 099 6589**
www.miss-saigon.pt

Miss Saigon ist ein vegetarisches Restaurant, das vegetarische Weltküche serviert mit Gerichten, die von den kulinarischen Traditionen des Ostens und Westens inspiriert sind. Im Jahr 2015 wurde Miss Saigon von der Webseite *Daily Meal* als eines der 25 besten vegetarischen Restaurants der Welt ausgezeichnet.

39 JARDIM DAS CEREJAS

**Calçada do
Sacramento 36
Chiado ⑥
+351 21 346 9308**
*www.jardim
dascerejas.com*

Dieses gemütliche Restaurant, das sich in einer ruhigen Straße in der Nähe der belebten Rua Garrett auf dem Weg nach Largo do Carmo befindet, bietet täglich ein vegetarisches Büfett zu einem sehr günstigen Preis. Es ist die Lieblingsadresse vieler internationaler Besucher.

40 NAKED

**Rua da Escola
Politécnica 85
Príncipe Real ⑤
+351 93 482 5753**
www.naked.com.pt

Naked liegt direkt gegenüber dem Naturkundemuseum (S. 169) und dem Botanischen Garten (S. 155). Ein ganztägig geöffnetes Restaurant und Café, das meisterhaft zubereitete Naturkost serviert, mit vegetarischen und nicht vegetarischen Zutaten, rohen, glutenfreien, kalt gepressten Säften und 100-Prozent-Frucht-Wassereis. Die schöne Ausstattung fügt sich in das Bild der angesagten Nachbarschaft ein.

Die 5 besten Orte für
GÜNSTIGES ESSEN

---

41 COZINHA POPULAR DA MOURARIA
Rua das Olarias 5
Mouraria ⑦
+351 92 652 0568

Dieses Restaurant in Mouraria wurde von der kochbegeisterten Fotografin Adriana Freire im Rahmen eines sozialen Projekts ins Leben gerufen: Freire engagiert sich für die Integration hilfsbedürftiger Menschen, indem sie ihnen in ihrem Restaurant Arbeitsplätze zur Verfügung stellt. Die Bezeichnung Restaurant reicht nicht ganz aus – dieser Ort dient auch als Gemeinschaftsküche, die die Bewohner als Arbeitsplattform für ihre eigenen kleinen Lebensmittelgeschäfte nutzen können.

42 MARTIM MONIZ
Praça Martim Moniz
Baixa ⑥

Martim Moniz ist ein Zusammenschluss kleiner Geschäfte, der sich auf dem gleichnamigen Platz in der Innenstadt befindet. Er besteht aus etwa einem Dutzend Kiosken, die Lebensmittel aus aller Welt anbieten, und ist gleichzeitig ein Ort für viele Veranstaltungen, die alle darauf abzielen, eine Ode an die kulturelle Vielfalt dieses Teils von Lissabon zu sein und sie zu feiern.

43 BOTEQUIM DA GRAÇA

Largo da Graça 79–80
Graça ⑦
+351 21 888 8511
www.botequim.net

1968 von Schriftstellerin Natália Correia gegründet, ist Botequim da Graça seit Jahrzehnten ein Treffpunkt für Künstler und Intellektuelle. Es gibt Poesienächte und Livemusik, alles in einer Retro-Atmosphäre, die durch die antiquitätengefüllte Ausstattung erzeugt wird. Auf der Speisekarte stehen portugiesische Tapas.

44 PISTOLA Y CORAZÓN

Rua da Boavista 16
Cais do Sodré ⑤
+351 21 342 0482
www.pistolaycorazon.
com

Diese kleine *taqueria* (Taco-Laden) ist so authentisch, wie es nur geht: Sobald man sie betritt, fühlt man sich wie im Herzen von Mexiko-Stadt. Es ist ein großartiger Ort, um gute Musik und innovative Cocktails zu genießen.

45 OSTERIA

Rua das Madres 52–54
Madragoa ③
+351 21 396 0584
www.osteria.pt

Osteria ist wahrscheinlich das, was in Lissabon einem echten italienischen Restaurant am nächsten kommt; es gehört einem italienischen Koch, der echte italienische Hausmannskost zubereitet. Der Service ist herzlich und locker.

Die 5 besten
KONDITOREIEN

46 NÓS É MAIS BOLOS

Mercado da Ribeira
Cais do Sodré ⑥
+351 21 346 0237
www.nosemaisbolos.
com

Diese Feinschmecker-Konditorei liegt am Mercado da Ribeira (S. 114) und bietet eine Auswahl der besten Kuchen Portugals, darunter auch traditionelle Favoriten wie den *pão de ló* (Biskuitkuchen). Es ist eine gute Möglichkeit, um nach einer Mahlzeit an einem der Essensstände des Markts auf Dessert-Jagd zu gehen.

47 LANDEAU CHOCOLATE

Rua das Flores 70
Chiado ⑥
+351 91 181 0801
www.landeau.pt

Sofia Landeau kreierte einen erstaunlichen Schokoladenkuchen, den sie nun in ihren Läden in der Rua das Flores und in der LX Factory verkauft. Die *New York Times* nannte ihn »teuflisch gut«, andere würden ihn eher ein Stück vom Himmel nennen. Er ist saftig und reichhaltig, so wie Schokoladenkuchen sein sollte, mit Schichten aus weichem Kuchen und Bitterschokoladenmousse.

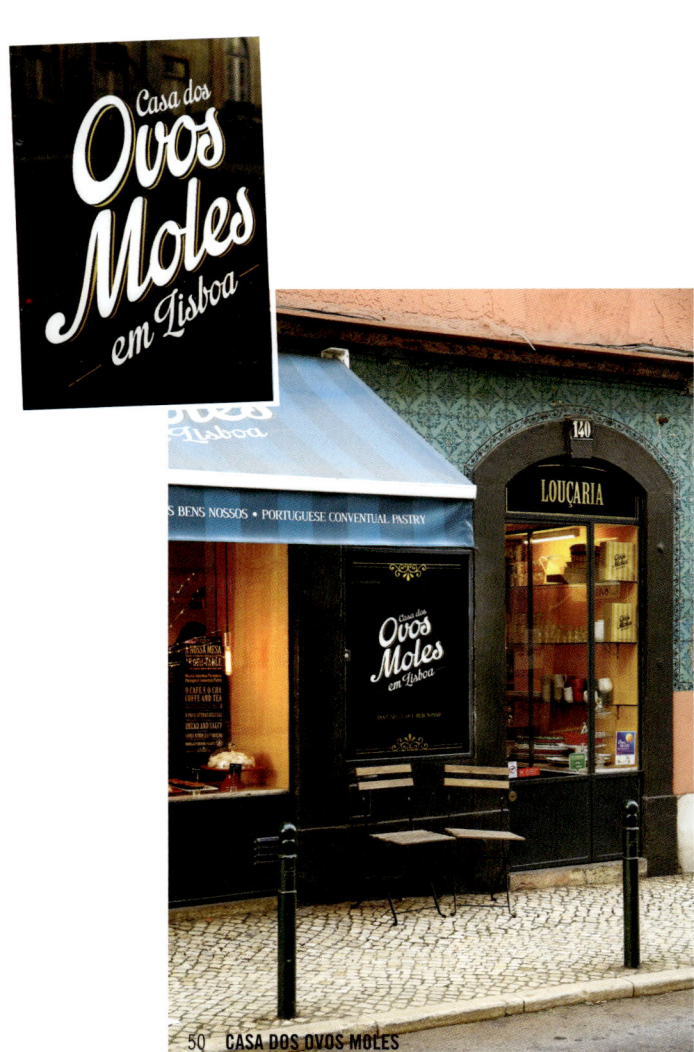

50 CASA DOS OVOS MOLES

48 MELHOR BOLO DE CHOCOLATE DO MUNDO

Rua Terente Ferreira
Durão 62
Campo de Ourique ③
+351 21 396 5372
www.omelhorbolode
chocolatedomundo
bycbl.com

Der ehemalige Restaurantbetreiber Carlos Brás Lopes kreierte einen köstlichen und himmlisch süßen Schokoladenkuchen und nannte ihn »Der beste Schokoladenkuchen der Welt«. Viele sind sich einig und würden sogar sagen, dass dieser Kuchen einer der besten Kuchen ist, den Sie jemals essen werden. Tatsächlich ist er so gut und so beliebt, dass Lopes Geschäfte in New York, London und São Paulo eröffnete.

49 BOLO DA MARTA

LX Factory,
Livraria Ler Devagar,
R. Rodrigues Faria 103
Alcântara ①
+351 91 892 9654

Marta Gonçalves sehr erfolgreiche Konditorei begann recht einfach, als sie ihren heißgeliebten Pavlova-Kuchen für ihre Freunde backte. Nach und nach bekam sie immer mehr Aufträge, und da wurde ihr klar, dass sie eine Karriere als Bäckerin hatte. Ihr Laden in der Buchhandlung Ler Devagar (S. 107) der LX Factory ist voll köstlicher Versuchungen.

50 CASA DOS OVOS MOLES

Calçada da Estrela
140–142
Estrela ③
+351 91 930 3788
www.casadosovosmoles-
emlisboa.pt

Portugal hat eine lange Tradition in der Herstellung und dem Verzehr von Süßigkeiten auf Eibasis, die ihren Ursprung in den alten Zeiten haben, als die Nonnen in portugiesischen Klöstern Eiklar zur Stärkung ihrer Ordenstracht verwendeten; mit den übrig gebliebenen Eigelben haben sie Süßigkeiten hergestellt. Wenn Sie die ovos moles ausprobieren möchten, dann ist diese Konditorei in Estrela genau die richtige für Sie.

Die 5 besten Orte für einen
SONNTAGSBRUNCH

---

51 NICOLAU CAFÉ
Rua de São Nicolau 17
Baixa ⑥
+351 21 886 0312
www.ilovenicolau.com

Nicolau ist ein cooles Café/Restaurant in einer der ruhigeren Straßen von Baixa. Das sorgfältig gestaltete Interieur und die gesunde Speisekarte, zum Beispiel mit Smoothies und Açai-Schalen, locken ein angesagtes Publikum an. Das Café dient gleichzeitig als Lebensmittel- und Getränkemarkt der Jugendherberge, die sich im selben Gebäude befindet und als eine der besten der Welt gilt.

52 ESTUFA REAL
Jardim Botânico da
Ajuda, Calçada do
Galvão
Ajuda ①
+351 21 361 9400
www.estufareal.com

Wenn es um den Sonntagsbrunch geht, gibt es keinen Ort wie Estufa Real. Die Umgebung ist atemberaubend: ein umgebautes Gewächshaus im Botanischen Garten von Ajuda, in dem die Gäste den überwältigenden Blick auf den Fluss bewundern und eine Ruhe genießen können, die in der Stadt selten zu finden ist. Die große Auswahl an kalten und warmen Gerichten rechtfertigt die etwas höheren Preise.

53 CANELA

Praça das Flores 25–29
Príncipe Real ⑤
+351 21 397 2220
www.canela.pt

Canela hat drei Filialen auf der einladenden Praça das Flores: eine Konditorei, ein Restaurant und einen Spielplatz für die Kinder der Kunden. Jeden Sonntag serviert das Restaurant einen Brunch, den Sie auch auf der schönen Außenterrasse genießen können.

54 POIS CAFÉ

Rua de São João da Praça 93–95
Sé ⑦
+351 21 886 2497
www.poiscafe.com

Im Pois Café wird an jedem Tag der Woche Brunch serviert, sodass Sie nicht auf das Wochenende warten müssen, um Spezialitäten zu probieren. Es ist vor allem ein großartiger Ort, um Freunde zu treffen oder einfach nur auf den bequemen Sofas zu entspannen. Auf der Speisekarte stehen auch österreichische Gerichte und verschiedene Salate.

55 BICA DO SAPATO

Av. Infante Dom Henrique,
Arm. B, Cais da Pedra Santa Apolónia ⑨
+351 21 881 0320
www.bicadosapato.com

Bica do Sapato befindet sich im Besitz eines Konzerns von Gastronomen und Künstlern wie John Malkovich. Die Lage am Flussufer ist einzigartig, die Einrichtung kosmopolitisch. Der Sonntagsbrunch ist auch bei den anspruchsvollsten *Lisboetas* sehr beliebt.

Die 5 besten

LEBENSMITTEL-GESCHÄFTE

---

56 SILVA & FEIJÓO
Rua dos
Bacalhoeiros 117
Baixa ⑥
+351 91 216 3084

Silva & Feijóo ist ein Geschäft mit Steinmauerwerk in der Nähe der Casa dos Bicos aus dem Jahr 1919 und bietet eine große Auswahl an traditionellen Produkten aus ganz Portugal und den Inseln Madeira und den Azoren. Auf der Liste stehen Bauernbrot, Wein, Liköre, Käse, Wurstwaren und geräuchertes Fleisch.

57 CLUB DEL GOURMET
Av. António Augusto
de Aguiar 31
Avenidas Novas ⑧
+351 21 371 1700
www.elcorteingles.pt

Das im Kaufhaus El Corte Inglès gelegene Geschäft bietet mehr als 6000 Lebensmittel wie geräuchertes Fleisch, Konserven, Nudeln und Olivenöl. Die Weinkarte weist einige schwer zu findende Sorten und Jahrgänge auf.

58 DELI DELUX
Av. Infante Dom
Henrique,
Cais da Pedro, Arm. B,
loja 8
Santa Apolónia ⑨
+351 21 886 2070
www.delidelux.pt

Deli Delux, das in Santa Apolónia in einem umgebauten Lagerhaus untergebracht ist, ist ein trendiges Feinkostgeschäft und Café mit der besten und größten Auswahl aller Lissabonner Lebensmittelgeschäfte. Das coole Café serviert leichte Mahlzeiten und verfügt über eine Außenterrasse mit atemberaubendem Blick auf den Tejo-Fluss.

59 MERCEARIA DOS AÇORES

Rua da Madalena 115
Baixa ⑥
+351 21 888 0070
*www.mercearia
dosacores.pt*

Der Azoren-Archipel ist Portugals ursprünglichste und abgelegenste Region. Das reiche Atlantikgewässer hat die besten Fische des Landes und die Landschaft ist ein Paradies für den ökologischen Landbau. Mercearia dos Açores vertreibt ausschließlich Produkte aus dieser Region wie Ananas, Thunfisch, Bio-Tees und hochwertige Milchprodukte.

60 CONSERVEIRA DE LISBOA/NACIONAL

Rua dos
Bacalhoeiros 34
Baixa ⑥
+351 21 886 4009
*www.conserveira
delisboa.pt*

Portugal hat eine lange Tradition, was *conservas* (Konserven) angeht: Die Portugiesen produzieren und konsumieren sie seit Generationen, und deshalb gehören sie auch zu den besten der Welt. Das Aushängeschild der Branche ist der Shop von Conserveira Nacional, wo Sie die größte Auswahl an Marken und Sorten finden – ein wahres *conservas*-Museum.

60 CONSERVEIRA DE LISBOA

Die 5 besten Orte, um KÄSE UND GERÄUCHERTES FLEISCH zu kaufen

---

61 QUEIJARIA CHEESE SHOP

Rua do Monte
Olivete 40
Príncipe Real ⑤
+351 21 346 0474
www.queijaria.wix.
com/queijaria

Dieser Käseladen ist der beste Ort in der Stadt, um den Reichtum und die Vielfalt der portugiesischen, handwerklich hergestellten Käsesorten zu entdecken. Es ist ein Ort, an dem die »Käse-Junkies« ihre Sucht stillen und bei einem Glas Wein in der Käsehalle alle möglichen Käsesorten probieren können.

62 MANTEIGARIA SILVA

Rua Dom Antão de
Almada 1
Baixa ⑥
+351 21 342 4905
www.manteigaria
silva.pt

Manteigaria Silva gibt es seit 1890. In diesem Geschäft in Baixa finden Sie eine Auswahl an feinen Käsesorten (einige davon vor Ort gereift), geräuchertem Fleisch (wird auf einer 100 Jahre alten Maschine in Scheiben geschnitten) und trockenem Kabeljau aus der Nordsee.

63 MOY

Rua Dom Pedro V 111
Príncipe Real ⑤
+351 21 346 7011

Moy hat zwei Geschäfte in Lissabon, eines in Príncipe Real und eines in Alvalade. Beide bieten eine große Auswahl an Gourmetprodukten, darunter einige portugiesische Käsesorten wie Serra, Azeitão, Ilha und Nisa. Das fachkundige Personal ist Ihnen gerne bei der Auswahl des perfekten Käses behilflich.

64 CINCO JOTAS

Avenida António Augusto de Aguiar 31 El Corte Inglès, Piso 7 Avenidas Novas ⑧ +351 21 371 1700

Dieser Laden befindet sich im obersten Stockwerk des Kaufhauses El Corte Inglès und verkauft geräuchertes Fleisch von einer der weltweit führenden Marken, Cinco Jotas. Alle Fleischsorten werden in der Region Jabugo in Spanien geräuchert, wo schwarze Schweine bis zu fünf Jahre lang in der Wildnis mit Eicheln gemästet werden.

65 QUEIJARIA NACIONAL

Rua da Conceição 8 Baixa ⑥ +351 91 208 2450

Die besten handwerklichen Käsesorten, die in verschiedenen Teilen Portugals hergestellt werden, können Sie auf dem Gelände genießen, begleitet von einem guten Glas Wein und einer Scheibe geräuchertem Fleisch. Das Geschäft liegt in unmittelbarer Nähe einer der Haltestellen der Straßenbahnlinie 28 (S. 151).

62 MANTEIGARIA SILVA

Die 5 besten Restaurants für
AUSSERGEWÖHNLICHE GERICHTE

---

66 **ELEVEN**

Jardim Amália Rodrigues
Rua Marquês de Fronteira
Parque Eduardo VII ④
+351 21 386 2211
www.restauranteleven.com

Eleven liegt im Parque Eduardo VII, dem zentralen Park von Lissabon, und bietet einen beeindruckenden Blick über die Stadt und den Fluss. Die Küche, die mit einem Michelin-Stern ausgezeichnet wurde, ist die Kreation von Küchenchef Joachim Koerper, der ausschließlich die besten Produkte verarbeitet, die Portugal zu bieten hat, vor allem mit frischem Fisch. Die Ausstattung ist modern und ansprechend.

67 **BELCANTO**

Largo de São Carlos 10
Chiado ⑥
+351 21 342 0607
www.belcanto.pt

Belcanto, das neben dem Opernhaus liegt, ist das Kronjuwel der Restaurantgruppe des Starkochs José Avillez und das einzige Restaurant der Stadt, das mit zwei Michelin-Sternen ausgezeichnet wurde. Die Gerichte werden mit unglaublicher Perfektion zubereitet, und ein Besuch des Restaurants ist sehr unterhaltsam und unvergesslich.

68 FEITORIA

**Altis Belém Hotel &
Spa, Doca do Bom
Sucesso
Belém ②
+351 21 040 0207**
*www.restaurante
feitoria.com*

An der Spitze des Sterne-Restaurants
Feitoria im Hotel Altis Belém steht Chefkoch João Fernandes, einer der jüngsten
Spitzenköche des Landes. Seine innova-
tiven Gerichte werden in einem Ambiente serviert, das an die portugiesischen
Entdeckungen des 15. und 16. Jahrhunderts erinnert.

69 VARANDA

**Rua Rodrigo da
Fonseca 88
Parque Eduardo VII ④
+351 21 381 1400**
*www.fourseasons.com/
lisbon*

Varanda ist berühmt für das Mittags-
büfett, das es zu einem der beliebtesten
Mittagslokale der Stadt macht. Das Essen
ist ausgezeichnet und sieht so unglaub-
lich lecker aus, dass man es die ganze
Zeit fotografieren möchte. Der klassische
und perfekte Vier-Jahreszeiten-Service ist
das Tüpfelchen auf dem i.

70 ALMA

**Rua Anchieta 15
Chiado ⑥
+351 21 347 0650**
www.almalisboa.pt

Nachdem das Alma-Konzept von Starkoch Henrique Sá Pessoa mehrere Jahre
im Stand-by-Modus gehalten wurde,
wurde es vor Kurzem zur großen Freude
der zahlreichen Fans wieder zum Leben
erweckt. Der neue Standort ist ein Stein-
bogengebäude in Chiado. Hier lässt Sá
Pessoa seiner Kreativität freien Lauf und
kreiert eine Küche mit viel portugiesischer Seele (was *alma* bedeutet).

Die 5 besten Orte für
EXOTISCHES ESSEN

---

71 COMIDA DE SANTO
Calçada Eng. Miguel
Pais 39
Príncipe Real ⑤
+351 21 396 3339
www.comidadesanto.pt

Dies ist eines der ältesten ethnischen Restaurants in Lissabon. Die Geschichte des Restaurants reicht als das erste Restaurant in Príncipe Real bis in die 1980er-Jahre zurück, und seitdem hat es eine treue Anhängerschaft. Die Eigentümer Tó Zé und Flor bieten einen Service, der so herzlich und freundlich ist wie die traditionelle brasilianische Küche auf ihrer Speisekarte.

72 CANTINHO DO AZIZ
Rua de São
Lourenço 5
Mouraria ⑦
+351 21 887 6472

Cantinho do Aziz ist exotisch. Zuerst ist da die Lage in einer kleinen, abseits gelegenen Straße in der Gegend von Mouraria, und dann gibt es das Essen: eine Mischung aus Gerichten aus Mosambik und Indien, die das Hallal-Erbe der Familie von Besitzer Aziz widerspiegelt. Er ist übrigens eine echte Persönlichkeit und so stolz auf seine Gerichte, wie es sich für Köche gehört.

73 JESUS É GOÊS

Rua de São José 23
Av. da Liberdade ④
+351 21 154 5812

Jesus ist ein großartiger Koch, der ursprünglich aus Goa, einer ehemaligen portugiesischen Kolonie in Indien, stammt. Der Name des Restaurants bedeutet »Jesus kommt aus Goa« – wahrhaftig. Die traditionellen Goa-Gerichte, die er serviert, sind würzig und authentisch sowie eine Mischung aus lokalen Goa-Zutaten und Lebensmitteln, die von den Portugiesen importiert wurden.

74 ASSOCIAÇÃO CABOVERDEANA

Rua Duque de
Palmela 2, 8º
Av. da Liberdade ④
+351 21 359 3367
www.acaboverdeana.org

Dieses sehr gut gehütete Geheimnis ist schwer zu finden, da es sich im obersten Stockwerk eines Bürogebäudes befindet. Die Associação Caboverdeana ist in der Tat eine Institution, die die Kultur von Cabo Verde fördert. Und welche bessere Möglichkeit gibt es, dies zu tun, als ein Restaurant zu beherbergen? Es ist während der Woche mittags geöffnet und serviert traditionelle Küche zu afrikanischer Livemusik.

75 SOL E PESCA

Rua Nova do
Carvalho 44
Cais do Sodré ⑥
+351 21 346 7203
www.solepesca.com

Dieses ehemalige Geschäft für Angelausrüstung, in dem das Dekor unverändert geblieben ist, beherbergt heute eine/s der originellsten Bars/Restaurants in Lissabon. Alles, was Sie hier zum Essen bestellen können, wird ausschließlich mit Fischkonserven und Meeresfrüchten zubereitet. Nehmen Sie draußen Platz für ein noch unvergesslicheres Erlebnis.

5 Spezialitäten, die Sie VOR IHRER ABREISE ESSEN UND TRINKEN SOLLTEN

76 GINJINHA

Ginjinha ist ein portugiesischer Likör und ein typisches alkoholisches Getränk in Lissabon. Es gibt viele kleine Kioske, die es in der ganzen Stadt verkaufen, vor allem in der Innenstadt von Baixa. Der Likör wird hergestellt, indem man Sauerkirschen in Alkohol einlegt und dann Zucker hinzufügt.

77 SARDINHAS

Wer Lissabon besucht, muss unbedingt Sardinen essen – vor allem, wenn man zwischen April und Oktober kommt. Überall riechen Sie diese öligen kleinen Fische (reich an Vitaminen und Mineralien), die draußen auf der Straße vor Restaurants oder vor den Häusern gegrillt werden. Vorsicht vor den dünnen Gräten, sie können sich an den seltsamsten Stellen festsetzen.

78 CONSERVAS

Früher, bevor die Menschen Kühlschränke hatten, waren Konserven eine Möglichkeit, Lebensmittel zu konservieren. Sie waren sehr beliebt und ein wichtiges Exportprodukt. Durch die Modernisierung hat die Branche einen Abwärtstrend durchgemacht – Konserven waren danach kaum mehr erhältlich. Aber dank des Trends »zurück zu den Wurzeln« sind die *conservas* in den letzten Jahren wieder populär geworden und nun in den Gourmet- und Souvenirläden der Stadt zu finden.

79 PASTÉIS DE NATA

Dies sind die beliebtesten Süßigkeiten der Stadt; Sie werden sie in jedem Café finden. Die bekanntesten sind zweifellos die aus Belém (S. 56), wo sie behaupten, das Originalrezept zu besitzen. Sie sind wirklich köstlich, aber versuchen Sie auch andere Marken und Geschäfte, um die Unterschiede herauszufinden.

80 CALDO VERDE

Portugal bezeichnet sich selbst als »Suppenland«, und *caldo verde* (Grünkohlsuppe) ist vielleicht das Suppenjuwel des Landes. Es handelt sich um eine einfache, aber köstliche Suppe, die aus Kartoffelcreme und zerkleinertem Grünkohl zubereitet wird. Der letzte Schliff sind ein Tropfen kaltgepresstes Olivenöl und ein paar Scheiben *chouriço* (geräucherte Wurst).

Die 5 besten
PASTÉIS DE NATA

---

81 PASTÉIS DE BELÉM
Rua de Belém 84–92
Belém ②
+351 21 363 7423
www.pasteisdebelem.pt

Die Besitzer von Pastéis de Belém behaupten, sie hätten das Originalrezept. Der Überlieferung nach könnten sie recht haben, denn das Rezept soll aus dem benachbarten Jeronimos-Kloster stammen. Nach Lissabon zu kommen und sie nicht zu probieren, ist wie nach Rom zu gehen und keine Pasta zu essen.

82 PASTELARIA CRISTAL
Rua Buenos Aires 25A
Lapa ③
+351 21 404 4848

Cristal hat wirklich köstliche *pastéis*. Das Geschäft wurde mehrfach mit dem Titel »Das beste Pastel de nata der Stadt« ausgezeichnet. (Die Pastéis de Belém nehmen übrigens nie an diesem Wettbewerb teil, weil sie behaupten, eine eigene Kategorie zu sein.)

83 MANTEIGARIA
Rua do Loreto 2
Chiado ⑥
+351 21 347 1492

Manteigaria, einer der jüngsten Neuzugänge in der Lissaboner *pastel*-Szene, ist ein modernes Geschäft, das einen neuen Qualitäts- und Designstandard auf dem Markt etablieren will. Die Törtchen werden den ganzen Tag über gebacken, sodass Sie sicher sein können, ein warmes zu bekommen.

84 NATA LISBOA

Rua de Santa Cruz do Castelo 7
Castelo ⑦
+351 21 887 2050
www.natalisboa.com

Nata Lisboa ist ein Franchisekonzept, das an mehreren Standorten in Lissabon und auch im Ausland vertreten ist. Das Rezept ist weltweit identisch, um sicherzustellen, dass die Törtchen in Lissabon, London, Hongkong oder anderswo exakt gleich schmecken.

85 ALOMA

Rua Francisco Metrass 67
Campo de Ourique ③
+351 21 396 3797
www.omelhorpastel denatadelisboa.com

Aloma begann als kleine Konditorei in der Nachbarschaft von Campo de Ourique. Nach dem Erfolg ihrer *pastel de nata* (sie waren auch mehrmals Gewinner des besten Titels der Stadt) begannen sie, weitere Filialen in Lissabon zu eröffnen, und zwar im Mercado da Ribeira und in Chiado.

83 MANTEIGARIA

85 ALOMA

Die 5 besten Orte für
KABELJAU

---

86 **CASA DO BACALHAU**
Rua do Grilo 54
Beato ⑨
+351 21 862 0000
www.acasado
bacalhau.com

Wie der Name schon sagt, ist das Highlight im Casa do Bacalhau (Haus des Kabeljaus) natürlich *bacalhau*. Das Restaurant befindet sich im gewölbten Erdgeschoss eines Palastes aus dem 18. Jahrhundert und bietet über 25 verschiedene Kabeljau-Rezepte – einige sind traditionell, andere zeitgenössisch.

87 **CASA PORTUGUESA DO PASTEL DE BACALHAU**
Rua Augusta 106–108
Baixa ⑥
+351 916 486 888
www.pastei
debacalhau.com

Dieses kleine Geschäft in Baixa ist seit der Eröffnung im Gespräch und begann mit dem Verkauf von Kabeljaukuchen mit buttrigem Serra-Käse im Inneren, einer Kombination, an die bis dahin noch niemand gedacht hatte, und einer, die seitdem viele Anhänger und Kritiker gleichermaßen begeistert hat.

88 GAMBRINUS

Rua das Portas de
Santo Antão 23
Baixa ⑥
+351 21 342 1466
*www.gambrinus
lisboa.com*

Gambrinus öffnete seine Pforten 1936
und ist seither ein Spitzenrestaurant, das
einen stetigen Strom von Prominenten
anzieht, die es wegen seiner traditionellen Küche lieben, die auf eine klassische
Art und Weise zubereitet und serviert
wird, wie sie in der heutigen Welt
nur sehr selten zu erleben ist. Zu den
gastronomischen Highlights gehören die
verschiedenen Kabeljau-Gerichte.

89 SOLAR DOS PRESUNTOS

Rua das Portas de
Santo Antão 150
Av. da Liberdade ④
+351 21 342 4253
*www.solar
dospresuntos.com*

Die Familie Cardoso steht an der Spitze
dieses Tempels der traditionellen portugiesischen Küche, der eine einzigartige
Stellung in der Lissabonner Gastrono-
mieszene einnimmt. Auf der vielseitigen
Speisekarte stehen Fisch- und einige der
besten Kabeljau-Gerichte der Stadt. Passanten werden vom Fenster mit auffäl-
ligen *presuntos* (geräucherten Schinken)
und einem Hummertank angelockt.

90 SOLAR DOS NUNES

Rua dos
Lusiadas 68–72
Alcântara ①
+351 21 364 7359
*www.solardos
nunes.com*

Solar bedeutet auf Portugiesisch »Herren-
haus«, und der Begriff wird zweifellos
im Namen dieses von der Familie Nunes
geführten Restaurants angemessen verwendet. Es befindet sich im Wohnviertel
von Alcântara, direkt unter der Ponte
25 da Abril. Probieren Sie den Kabeljau
Cataplana (gekocht in traditionellen
Dampfgarern aus Kupfer).

Die 5 besten Orte für ein
ROMANTISCHES ABENDESSEN

---

91 À PARTE
Avenida Defensores
de Chaves 14C
Saldanha ⑧
+351 21 354 3068
www.a-parte.com

À Parte befindet sich im Erdgeschoss eines Wohnhauses in Saldanha. Das Restaurant ist über die Zimmer der Wohnung verteilt, die ihren ursprünglichen Charakter behalten haben. Außerdem gibt es zwei Terrassen, die sich in den wärmeren Monaten perfekt für ein Abendessen im Freien eignen.

92 TAGUS BY SUSHIC
Quinta do Tagus
Montinhoso,
Costas de Cão,
Monte da Caparica
Almada ①
+351 21 191 1965
www.sushic.pt

Sushic ist ein Sushi-Restaurant am Südufer des Tejo, das seit seiner Eröffnung viel Lob erhalten hat. Das Restaurant befindet sich auf einem Anwesen mit Blick auf den Fluss. Um es zu erreichen, können Sie einen Hubschrauber mieten, um den Fluss zu überqueren und zum Restaurant zu gelangen.

93 ATIRA-TE AO RIO
Cais do Ginjal 69
Almada ①
+351 21 275 1380
www.atirateaorio.pt

Sie erreichen Atira-te ao Rio mit dem Auto, indem Sie die Brücke überqueren, oder indem Sie die Fähre nach Cacilhas nehmen und dann ein paar Minuten zu Fuß der Uferpromenade folgen, die den Fluss säumt und einen atemberaubenden Blick auf die Stadt bietet.

94 CAFÉ DE SÃO BENTO

Rua de São Bento 212
Príncipe Real ⑤
+351 21 395 2911
www.cafesaobento.com

Das Café de São Bento befindet sich neben dem Parlament und ist eine kleine und gemütliche Bar. Laut dem Koch gibt es hier das beste Steak in Lissabon. Erwarten Sie keine lange Speisekarte, die Leute schätzen das Fleisch, die Pommes frites und den Spinat … und das war's. Es lohnt sich auf jeden Fall.

95 CHAPITÔ À MESA

Costa do Castelo 7
Castelo ⑦
+351 21 887 5077
www.chapito.org

Kaum zu übertreffen ist die Aussicht, die dieses Restaurant bietet, das sich unterhalb der Burgmauern im Stadtteil Castelo befindet. Neben der atemberaubenden Landschaft und der Speisekarte hat Restô noch mehr Verkaufsargumente, da es Teil von Chapitô ist, einer renommierten Kulturinstitution in Lissabon, die eine Zirkusschule, ein Theater und ein Kunsthandwerkszentrum umfasst. Ein absolutes Muss!

Die 5 besten Restaurants für
FLEISCH

---

96 K.O.B.
Rua do Salitre, 169
Príncipe Real ⑤
+351 93 400 0949
www.kob.olivier.pt

Der Mann hinter K.O.B. (was für »Knowledge Of Beef« steht) ist der prominente Restaurantbesitzer Olivier. Er gründete eines der wenigen Restaurants in Lissabon, das trocken gereiftes Rindfleisch serviert. Das Fleisch ist hervorragend und kommt aus Südamerika und Japan (Kobe-Rindfleisch).

97 RUBRO
Rua Rodrigues
Sampaio 35
Av. da Liberdade ④
+351 21 314 4656
www.restaurante
rubro.com

Rubro serviert ausgezeichnetes gereiftes Fleisch und hat das ganze Wissen, wie man es zubereitet. Der Chuletón und der Cordero Lechal sind zum Verlieben. Das Restaurant verfügt über zwei Standorte, eines in der Nähe der Avenida da Liberdade, das andere in der Stierkampfarena.

98 SALA DE CORTE
Rua da Ribeira
Nova 28
Cais do Sodré ⑥
+351 21 346 0030
www.saladecorte.pt

Der jüngste Neuzugang in der Lissabonner Szene schoss sofort an die Spitze der Liste der beliebtesten Fleischrestaurants der Stadt. Die Qualität des Fleisches (im Restaurant gereift) ist hervorragend, die Ausstattung auffallend (besuchen Sie die Toiletten und die alte begehbare Gefrierkammer). Unbedingt reservieren!

99 CAFÉ BUENOS AIRES

Calçada do Duque 31B
Chiado ⑥
+351 21 342 0739
www.cafebuenosaires.pt

Dieses kleine Restaurant ist ein Favorit bei den jüngeren Reisenden, die nach Lissabon strömen. Die Atmosphäre ist gemütlich und entspannt. Auf der Speisekarte stehen hauptsächlich argentinische Gerichte, darunter saftiges Fleisch. Das Schwesterrestaurant Fábrica liegt weniger als einen Häuserblock entfernt und ist auch bezaubernd.

100 VICENTE

Rua das Flores, 6
Cais do Sodré ⑥
+351 21 21 806 6142

Vicente ist der »Sohn« der Familie Carpinteiro Albino, die seit Generationen im Alentejo Viehzucht betreibt. Das gesamte Fleisch, das hier serviert wird, stammt aus dieser ländlichen Gegend. Das Restaurant befindet sich in einem ehemaligen Kohlelager (ideal für ein Restaurant, in dem Fleisch gegrillt wird, oder?), in dem noch immer die ursprüngliche, gemauerte Inneneinrichtung erhalten ist.

Die 5 besten Restaurants für
PETISCOS

---

101 TAPAS 52
Rua Dom Pedro V 52
Príncipe Real ⑤
+351 21 343 2389

Dieses kleine spanische Tapas-Restaurant ist eines der meistbesuchten der Stadt. Die Atmosphäre ist fröhlich, der Service schnell und freundlich und die Lage großartig. Die hohen Tische im Freien eignen sich hervorragend für einen Drink und einen Imbiss.

102 ESPUMANTARIA DO PETISCO
Calçada do Marquês de Tancos 1
Castelo ⑦
+351 96 551 5200

Dieses kleine Restaurant am Fuße des Schlosses bietet ein Menü mit *petiscos* (portugiesische Tapas) und eine große Auswahl an Weinen, Sekt und Champagner. Die Außenterrasse mit Blick auf die Dächer der Stadt ist ein sehr schöner Ort, um tagsüber zu verweilen und wärmere Nächte zu genießen.

103 CHIRINGUITO TAPAS BAR
R. Correia Teles 31B
Campo de Ourique ③
+351 21 131 4432

In diesem Restaurant werden die besten Tapas der Stadt serviert. Die Qualität der Zutaten ist hervorragend, und die Tapas werden mit großer Sorgfalt von den Eigentümern selbst zubereitet, die Mitglieder einer traditionellen portugiesischen Familie sind. Die Ausstattung ähnelt dem eines Landschlosses.

104 PETISCOS NO BAIRRO

Rua da Atalaia 133
Bairro Alto ⑥
+351 91 957 4498

Diese charmante kleine Taverne, die in Bairro Alto versteckt ist, bietet ein herzhaftes Menü mit einer großen Auswahl an preiswerten und authentischen *petiscos* und auch einige Hausspezialitäten wie den Bohnenreiseintopf oder das Schwertfischfilet mit Madeira-Weinsoße.

105 TABERNA TOSCA

Praça de São Paulo 21
Cais do Sodré ⑥
+351 21 803 4563
www.tabernatosca.com

Das Restaurant wurde in Cais do Sodré eröffnet, nachdem dieser ehemals heruntergekommene Stadtteil zum angesagtesten Ort wurde, vor allem für das Nachtleben. Das Restaurant befindet sich in einem Gebäude aus dem 18. Jahrhundert und verfügt über eine Terrasse auf der gegenüberliegenden Straßenseite, auf der man im Freien speisen kann.

65 ORTE ZUM TRINKEN UND FEIERN

Die 5 besten Bars, die
EINHEIMISCHE GERN BESUCHEN

---

106 PUB LISBOETA
Rua Dom Pedro V 63
Príncipe Real ⑤

Die Einheimischen strömen in diese kleine Bar in Príncipe Real, um einen Drink zu sich zu nehmen und Kontakte zu knüpfen. Es ist ein großartiger Ort für einen Aperitif. Dazu wird ein Menü mit originellen, mundgerechten Snacks und hausgemachten Pizzen serviert.

107 CASA INDEPENDENTE
Largo do Intendente
Pina Manique 45
Chiado ⑧
+351 21 887 5143

Casa Independente ist einer der Orte, die von der Vielfalt der Stadt Lissabon zeugen. Die Bar befindet sich im ersten Stock eines extravaganten Gebäudes auf dem Intendente-Platz, einer ehemaligen No-Go-Zone wegen der illegalen Aktivitäten, die dort stattfanden.

108 BICAENSE CAFÉ
Rua da Bica de
Duarte Belo 38-42
Santa Catarina ⑤
+351 21 325 7940
*www.facebook.com/
bicaensereloaded*

Bicaense hat einen Hauch von Nachtleben in das sehr traditionelle und authentische Viertel Bica gebracht, wo die Standseilbahn entlang eines steilen Hanges verläuft, der von Wohnungen, Geschäften und Restaurants gesäumt ist. Es ist berühmt für seine lockere Atmosphäre und sein kulturelles Programm (Livemusik, DJs, Filmvorführungen).

109 SANTOS

Santos ③

Santos ist ein pulsierendes Ausgehviertel. Es ist besonders beliebt bei jungen Leuten, die sich in den Bars und Cafés dieser Gegend treffen, bevor sie in den nahe gelegenen Discos der Avenida 24 de Julho, Docas oder Cais do Sodré feiern. An Wochenendabenden sind die Bürgersteige voll von Leuten, die Spaß haben.

110 TOPO

Centro Comercial
Martim Moniz,
6th Floor
Baixa ⑥
+351 21 588 1322
www.topo-lisboa.pt

Topo ist das Ergebnis einer Gruppe lokaler Unternehmerfreunde, die beschlossen haben, das verlassene Dachgeschoss eines verfallenen Einkaufszentrums auf dem beliebten Platz von Martim Moniz zu renovieren. Sie schufen einen Ort, an dem sich angesagte Einheimische zu einem Drink und einem Happen versammeln, während sie den atemberaubenden Blick auf die Altstadt und das Schloss genießen. Im Chiado-Viertel wurde ein Schwesterlokal eröffnet.

5 *der*

COOLSTEN BARS

---

111 PENSÃO AMOR

Rua do Alecrim 19
Cais do Sodré ⑥
+351 21 314 3399
www.pensaoamor.pt

Die Geschichte dieser coolen Bar geht auf die Zeit zurück, als Cais do Sodré das Rotlichtviertel der Stadt war. Die Bar, die jede Nacht der Woche brechend voll ist, befindet sich in einem ehemaligen Gasthaus, das stundenweise Zimmer an die örtlichen Prostituierten vermietet hat. Die Einrichtung ist burlesk, und es gibt sogar eine Stange für Kunden, die Spaß beim Poledancing haben wollen.

112 O BOM O MAU E O VILÃO

Rua do Alecrim 21
Cais do Sodré ⑥
+351 91 466 2516
www.facebook.com/
obomomaueovilao

O Bom, o Mau e o Vilão (was soviel bedeutet wie »das Gute, das Schlechte und das Böse«) ist eine Cocktailbar im angesagten Viertel Cais do Sodré. Die Bar, ein umgebautes Apartment aus dem 18. Jahrhundert, verfügt über mehrere Zimmer und bietet wöchentliche Livemusikkonzerte lokaler Bands. Es gibt mehrere hauseigene DJs.

113 BAR 49 DA ZDB

Rua da Barroca 49
Bairro Alto ⑤
+351 21 343 0205
www.zedosbois.org

Dieser Kulturraum im Herzen von Bairro Alto ist in Wirklichkeit eine gemeinnützige Organisation, die Musik-, Theater- und Kunstveranstaltungen organisiert. Die Bar (mit einer abgelegenen Dachterrasse) ist nur für Mitglieder geöffnet – keine Sorge, Sie können im Handumdrehen Mitglied werden und direkt zur Bar gehen. Sie ist nur freitags und samstags geöffnet und ein sehr gut gehütetes Geheimnis, auch für Einheimische.

114 THE GEORGE

Rua do Crucifixo 58
Baixa ⑥
+351 21 346 0596
*www.thegeorge
lisbon.com*

Inspiriert von den englischen Gastropubs, ist The George eine reizende Bar im Baixa-Viertel, die Menschen anlockt, die Sportübertragungen auf den großen Fernsehbildschirmen verfolgen und ihre große Auswahl an Bieren und Gins genießen möchten. Zu essen gibt es typisch britische Spezialitäten wie Yorkshire Pudding oder Sonntagsbraten.

115 DUPLEX

Rua Nova do
Carvalho 58–60
Cais do Sodré ⑥
+351 91 516 2808
www.duplexrb.pt

Duplex, wie der Name schon sagt, ist in zwei Räume unterteilt: eine Bar im Erdgeschoss, die auch Tapas serviert, und ein Restaurant im ersten Stock, in dem der Koch Nuno Bergonse ein Menü mit Hausmannskost in einer lässigen und doch raffinierten, schummrigen Atmosphäre anbietet. Achten Sie auf das herausragende Kunstwerk des lokalen Künstlers Bordalo II.

Die 5 besten

WEINLOKALE

---

116 CHAFARIZ DO VINHO
Praça da Algeria
Av. da Liberdade ④
+351 21 342 2079
www.chafarizdo
vinho.com

Diese Weinbar, die dem portugiesischen Weinjournalisten João Paulo Martins gehört, ist wirklich phänomenal. Nicht nur wegen der Qualität des Weins und der Tapas-Auswahl, sondern auch wegen der interessanten Lage in einer alten Wasserzisterne, die die Nachbarschaft mit frischem Wasser versorgte.

117 GARRAFEIRA ALFAIA
Rua do Diário de
Notícias 125
Bairro Alto ⑤
+351 21 343 3079
www.garrafeiraalfaia.
com/wine

Im Herzen von Bairro Alto gelegen, ist Alfaia ein großartiger Ort, um die Vielfalt und Qualität der portugiesischen Weine zu entdecken und um köstliche Tapas zu probieren. Es ist berühmt für die Freundlichkeit des Besitzers Pedro Marques (liebevoll Pedrão genannt), der immer anwesend ist.

118 SOMMELIER
Rua do Telhal 59
Av. da Liberdade ④
+351 96 624 4446
www.sommelier.pt

Das Sommelier befindet sich in einer Seitenstraße der Avenida da Liberdade und ist ein Restaurant, in dem sich feine Speisen mit der Verkostung von mehr als 80 edlen Weinen verbinden, die von den Sommeliers des Restaurants sorgfältig ausgewählt wurden.

119 BY THE WINE

Rua das Flores 41–43
Chiado ⑥
+351 21 342 0319
www.jmf.pt

Der große Weinproduzent José Maria da Fonseca (jmf), ein Unternehmen, das seit fast 200 Jahren Weine herstellt, hat diese Bar gegründet. Hier können Sie die Weine von jmf genießen, nämlich die weltberühmten Setúbal Muskateller. Die Bar sieht aus wie ein Weinkeller und sage und schreibe 3200 Flaschen schmücken die gewölbten Decken.

120 VESTIGIUS

Rua da Cintura do
Porto de Lisboa,
Arm. A 17
Cais do Sodré ⑥
+351 21 820 3320
www.vestigius.pt

Diese Bar ist einen Besuch wert, allein schon wegen der Lage am Flussufer in der Nähe von Cais do Sodré. Tagsüber können Sie die Außenterrasse mit Blick auf den Fluss genießen und aus einer großen Auswahl an Weinen und Cocktails wählen. Wenn Sie Lust haben, gehen Sie nach nebenan zum Club Station, einem der coolsten Orte der Stadt.

119 BY THE WINE

Die 5 besten Orte, um in der
SONNE ZU SITZEN

---

121 À MARGEM

Doca do Bom
Sucesso
Belém ②
+351 91 862 0032
www.amargem.com

Das minimalistische Restaurant braucht keine extravagante Einrichtung, um mit dem Anblick des breiten Flusses direkt vor der Tür zu konkurrieren. Die Lage ist in der Tat hervorragend, nur zwei Schritte vom Tejo entfernt, an der Uferpromenade, die zwei der eindrucksvollsten Sehenswürdigkeiten der Stadt verbindet: den Padrão dos Descobrimentos (S. 131) und den Belém-Turm (S. 128).

122 ZAMBEZE

Mercado do Chão do
Loureiro
Mouraria ⑦
+351 21 887 7056
*www.zambeze
restaurante.pt*

Zambeze ist ein einzigartiges Restaurant, das die Küche Mosambiks mit der Beiras, einer Region Zentralportugals, verbindet. Auf der Außenterrasse hingegen dreht sich alles nur um Lissabon. Der Blick auf den Fluss und den Hügel von Chiado ist atemberaubend mit dem Schloss und der Sé-Kirche als Hintergrund.

123 PORTAS DO SOL

**Largo das Portas
do Sol
Alfama** ⑦
+351 21 885 1299
www.portasdosol.biz

Diese Terrasse überblickt das gesamte Alfama, das malerischste Viertel von Lissabon, ein tausendjähriges Labyrinth aus engen Straßen und Gassen, das sich vom Schloss bis zum Fluss erstreckt. Selbst in einer Stadt mit so vielen großartigen Aussichtspunkten ist die Aussicht schwer zu überbieten. Jeder wird die unzähligen ziegelfarbenen Dächer lieben.

124 RIBEIRA DAS NAUS – QUIOSQUE

**Avenida Ribeira das
Naus 5
Cais do Sodré** ⑥
+351 91 742 7013

Dieser Kiosk wurde eröffnet, als die Uferpromenade von Ribeira das Naus renoviert wurde. Hier bauten die Portugiesen die Schiffe, die die Meere nach Asien, Afrika und Amerika befuhren. Die Außenterrasse bietet einen atemberaubenden Blick auf den Tejo und die Ponte 25 da Abril.

125 ESPELHO D'ÁGUA

**Avenida de Brasilia
Edifício Espelho
d'Água
Belém** ②
+351 21 301 0510
*www.espacoespelho
deagua.com*

Dieser Pavillon, der in den 1940er-Jahren im Rahmen der portugiesischen Weltausstellung erbaut wurde, hat seitdem immer wieder sein Bild geändert. Heute ist er nach dem ursprünglichen Entwurf vollständig renoviert und hat seinen ganzen Glanz wiedererlangt. Die Terrasse liegt in Richtung zum Padrão dos Descobrimentos (S. 131), einem der wichtigsten Wahrzeichen von Lissabon.

Die 5 besten
COCKTAILBARS

---

126 CINCO LOUNGE

**Rua Ruben A. Leitão
Príncipe Real ⑤
+351 21 342 4033**
www.cincolounge.com

Dave Palenthorne kam vor einigen Jahren aus Großbritannien nach Lissabon und machte sich auf den Weg, die Cocktailszene der Stadt zu revolutionieren, die zum Zeitpunkt seiner Ankunft sehr langweilig war. Seine Cinco Lounge ist seitdem führend in der lokalen Cocktailkultur und ein wahrer Tempel für Kenner und Liebhaber.

127 RED FROG

**Rua do Salitre 5A
Av. da Liberdade ④
+351 21 583 1120**

Diese Cocktailbar wurde nach dem Vorbild amerikanischer Flüsterkneipen der 1920er-Jahre gebaut, und – um das Thema zu ergänzen – es gibt sogar einen geheimen Raum, der durch das Verschieben einer Wand zugänglich ist. Die Cocktailkarte stellte Marian Beke von London Nightjar zusammen, der für die Präsenz der englischen Bar auf der Liste der besten Bars der Welt verantwortlich ist.

128 **GIN LOVERS**

128 GIN LOVERS

Praça do Príncipe
Real 26
Príncipe Real ⑤
+351 21 347 1341
www.ginlovers.pt

Gin Lovers ist ein abgerundetes Konzept, das das weltweit erste Magazin zum Thema Gin, eine sehr informative Website, ein paar Geschäfte, eine Merchandising-Linie (Kits zur Zubereitung von Getränken zu Hause usw.) und diese Bar im Embaixada Concept Store in Príncipe Real umfasst.

129 DOUBLE9

Rua da
Misericórdia 76
Chiado ⑥
+351 21 248 1480
www.mercyhotel.com

Das coole 9Hotel Mercy in Chiado beherbergt diese Tee-Cocktailbar, die zwei verschiedene Konzepte bietet: eine moderne Teestube tagsüber und eine Cocktailbar nachts. Alle Cocktails kombinieren Alkohol und Tee und verleihen den Getränken eine neue Geschmacks- und Aromanote, die die Sinne verführt.

130 MATIZ POMBALINA

Rua das Trinas 25
Lapa ③
+351 21 404 3703
www.matiz-
pombalina.pt

Diese Bar befindet sich in der noblen Wohngegend von Lapa und liegt im Erdgeschoss eines Gebäudes aus dem 18. Jahrhundert. Es ist dem Gefühl vergangener Zeiten treu geblieben, mit alten Fliesenpaneelen und barockem Mobiliar in allen Räumen. Der Klang von Blues, Soul, Bossa Nova und Jazz spielt leise im Hintergrund.

Die 5 besten Orte, um eine gute
TASSE KAFFEE *zu genießen*

---

131 **CLAUDIO CORALLO**
Rua da Escola
Politécnica 4
Príncipe Real ⑤
+351 21 386 2158
www.claudio
corallo.com

Der gebürtige Italiener Claudio Corallo, der als einer der besten Chocolatiers der Welt gilt, bietet ein voll integriertes Schokoladen- und Kaffeekonzept, von seiner Bio-Kakao- und -Kaffeeplantage auf der afrikanischen Insel São Tomé (einer ehemaligen portugiesischen Kolonie) bis hin zu diesem angesagten Laden in der belebtesten Straße von Príncipe Real.

132 **TARTINE**
Rua Serpa Pinto 15A
Chiado ⑥
+351 21 342 9108
www.tartine.pt

In einer ruhigen Straße in Chiado, direkt an der belebten Rua Garret (S. 120) gelegen, bietet diese/s französisch inspirierte Bäckerei/Café hausgemachte Brote und traditionelle portugiesische Backwaren wie die berühmten Puddingtörtchen. Wenn die Kalorien nicht ausreichen, fragen Sie nach Tartines unverwechselbarem Leckerbissen: dem Chiado-Kuchen.

133 KAFFEEHAUS

Rua Anchieta 3
Chiado ⑥
+351 21 095 6828
www.kaffeehaus-
lisboa.com

Das von Wien inspirierte Kaffeehaus wurde von zwei österreichischen Freunden eröffnet und avancierte auf Anhieb zu einer der ersten Adressen der Stadt für Kaffee, leichte Mahlzeiten und Sonntagsbrunch. Auf der Speisekarte stehen österreichische Spezialitäten wie Wiener Schnitzel, Sacher-Torte, Apfelstrudel und Glühwein. Die Tagesgerichte werden auf einer Tafel präsentiert.

134 CAFÉ ROYALE

Largo Rafael Bordalo
Pinheiro 29
Chiado ⑥
+351 21 346 9125
www.royalecafe.com

Ein weiterer Geheimtipp von Chiado, das Café Royale, ist ein bezaubernder Ort für einen Drink oder eine leichte Mahlzeit. Das Café hat drei verschiedene Bereiche, die ideal für alle Wetterbedingungen und Tageszeiten geeignet sind: die Außenterrasse auf dem Platz, das stilvolle und gemütliche Interieur und einen abgeschiedenen Innenhof mit vertikalem Garten.

135 COPENHAGEN COFFEE LAB CAFÉ

Rua Nova da
Piedade 10
Príncipe Real ⑤
+351 91 660 4054
www.cphcoffeelab.pt

Dieses Café im dänischen Stil liegt nur einen Steinwurf von der Praça das Flores entfernt, einem der coolsten Plätze in Lissabon. Die dänischen Besitzer wollten hieraus mehr als nur ein Café machen und schufen einen bezaubernden Kaffee-Erlebnisladen, in dem die Kunden verschiedene Kaffeesorten genießen können, die alle unterschiedlich zubereitet oder serviert werden.

Die 5
SCHÖNSTEN CAFÉS

─────────

136 CAFÉ A BRASILEIRA
Rua Garrett 120
Chiado ⑥
+351 21 346 9541

Brasileira ist das berühmteste Café in Lissabon. Es wurde 1905 eröffnet (als es nur Kaffee aus Brasilien verkaufte, daher der Name) und ist ein touristisches Reiseziel an sich, nicht nur wegen seiner schillernden Inneneinrichtung im Art-Déco-Stil, sondern auch wegen der Bronzestatue des Dichters Fernando Pessoa (S. 244), der an einem Tisch auf der Außenterrasse des Cafés sitzt.

137 CAFÉ NICOLA
Praça Dom
Pedro IV 24–25
Baixa ⑥
+351 21 346 0579

Das Café Nicola soll aus dem 17. Jahrhundert stammen, als ein Italiener namens Nicola es auf dem Rossio-Platz eröffnete. Schon bald wurde es bei Künstlern und Persönlichkeiten jener Zeit populär – so war zum Beispiel der berühmte Dichter Bocage ein regelmäßiger Gast. Die Einrichtung stammt aus dem Jahr 1929, was die Art-Déco-Motive erklärt.

138 PASTELARIA VERSAILLES

Avenida da
República 15A
Saldanha ⑧
+351 21 354 6340

Versailles ist eine Institution in Lissabon, seit es im Jahr 1922 seine Pforten an der damals neu errichteten Avenida da República, einer der sogenannten Neuen Alleen der Stadt, öffnete. Die Konditorei ist für ihre Vielfalt und Qualität bekannt. Es gibt auch ein Restaurant, in dem portugiesische Gerichte serviert werden, die unter der Woche zum Mittagessen sehr beliebt sind.

139 LEITARIA A CAMPONEZA

Rua dos
Sapateiros 155
Baixa ⑥
+351 92 313 2488

Obwohl diese hübsche kleine *leitaria* (Milchladen) viele Jahre nur ein Café war, wird sie nun auch als Restaurant betrieben. Sie öffnete ihre Türen im Jahr 1907 und hat noch immer die ursprüngliche Einrichtung, einschließlich der wertvollen *azulejos* (einzigartige Keramikfliesen). Die Besucher kommen wegen des erstaunlichen Jugendstil-Interieurs und der altmodischen Fassade. Draußen gibt es eine kleine Terrasse.

140 PASTELARIA SÃO ROQUE

Rua Dom Pedro V 57
Príncipe Real ⑤
+351 21 322 4350
www.panifsroque.pt

Gegründet im frühen 20. Jahrhundert, ist Pastelaria São Roque eines der schönsten Beispiele der Jugendstilarchitektur in Lissabon. Das Interieur ist nicht das, was man in einem Café erwarten würde: Die große Kuppeldecke wird von Marmorsäulen getragen und ist mit vergoldeten Motiven verziert.

Die 5 schönsten Orte für
SCHWULE und LESBEN

---

141 TRUMPS

**Rua da Imprensa
Nacional 104**
Príncipe Real ⑤
+351 91 593 8266
www.trumps.pt

Dies ist einer der ersten Schwulen-clubs in Lissabon. Er stammt aus den 1980er-Jahren und nimmt eine einzig-artige Stellung in der Stadt ein, nicht nur in der Schwulengemeinde. Heutzutage ist das Publikum des Clubs abwechs-lungsreich: schwule Männer, lesbische Frauen und heterosexuelle Menschen.

142 FINALMENTE

Rua da Palmeira 38
Príncipe Real ⑤
+351 21 347 9923
www.finalmenteclub.com

Finalmente ist ein klassischer Schwulen-club, der 1976 in Príncipe Real, dem Schwulenviertel von Lissabon, eröff-net wurde. Es ist bekannt für seine Drag-Queen-Aufführungen, vor allem die der Drag-Queen-Stars Deborah Krystall und Samantha Rox. Die Musik ist meis-tens House.

143 GAYOLA

**Rua da Imprensa
Nacional 116B**
Príncipe Real ⑤
+351 21 397 4493

Gayola (*gaiola* bedeutet »Vogelkäfig«) ist eine Bar und ein Steakhouse für homo- als auch heterosexuelle Gäste. Die Atmosphäre ist entspannt und locker. Es ist einer der wenigen Orte in der Stadt, wo man bis spät in die Nacht, nämlich bis 3 Uhr morgens, essen kann.

144 PUREX

Rua das Salgadeiras 28
Bairro Alto ⑤
+351 21 342 8061

Purex ist eine schwulenfreundliche Bar in Bairro Alto, einem Viertel, das historisch gesehen schon immer zu den schwulen Treffpunkten in Lissabon gehörte. Draußen gibt es kein Schild, aber die leuchtend orangefarbene Tür ist kaum zu übersehen. Im Inneren laden das dunkle Ambiente und die gut ausgewählte Musik die Gäste auf die kleine Tanzfläche ein, die später in der Nacht brechend voll ist.

145 WOOFLX

Rua da Palmeira 44B
Príncipe Real ⑤
+351 21 346 8418

Diese Bar war ursprünglich ein Treffpunkt für die »Bärengemeinschaft« in Lissabon (Schwule mit stark maskulinem Look), zieht aber mittlerweile alle Homosexuellen an. Die Besitzer haben eine weitere Schwulenbar in der Nähe, WoofX, eine härtere Version von WoofLx, in der Kunden ihre Fetische ausleben.

Die 5 besten Orte für
FADO

---

146 MESA DE FRADES

**Rua dos Remédios
139A
Alfama ⑦
+351 91 702 9436**

Es gibt kein Fado-Restaurant in der Stadt, das mit der Schönheit von Mesa de Frades mithalten kann. In einer ehemaligen Kapelle aus dem 18. Jahrhundert, in der die Wände und Böden mit authentischen glasierten Fliesen verkleidet sind, bietet der kleine Raum nur eine Handvoll Sitzplätze – also reservieren Sie bitte vorher. Die Atmosphäre bei Kerzenlicht ist besonders einladend.

147 CLUBE DE FADO

**Rua de São João da
Praça 86–94
Alfama ⑦
+351 21 885 2704
*www.clube-de-fado.com***

Dies ist die gehobene Version eines Fado-Restaurants, und alles trägt dazu bei: von der Einrichtung bis zum Service, vom Essen bis zum gesungenen Fado. Sie werden eine aristokratische Version des Fado hören, im Gegensatz zum Straßenfado (*vadio*), der Ihnen an den meisten Fado-Plätzen dargeboten wird.

148 A BAIUCA

Rua de São Miguel 20
Alfama ⑦
+351 21 342 1386

Das familiengeführte und -betriebene
A Baiuca ist ein Ort, an dem man echte
Fado-Aufführungen erwarten kann,
bei denen Leute aus der Nachbarschaft
vorbeikommen, um *fado vadio* zu singen.
Sogar die Köche sind dafür bekannt, dass
sie ihre Küche von Zeit zu Zeit verlassen,
um zu singen, sehr zur Freude und Überraschung der Gäste.

149 TASCA DO CHICO

Rua do Diário de
Notícias 39
Bairro Alto ⑤
+351 96 505 9670
*www.facebook.com/
atasca.dochico*

Diese kleine und schwach beleuchtete
Bar (mit Standorten in Bairro Alto und
Alfama) ist ein Ort, um Fado-Musik in
einem lockeren und geselligen Rahmen
zu genießen. Das warme Ambiente lädt
dazu ein, die tief empfundenen Melo-
dien zu erleben, die von den Sängern
mitgebracht werden, die in verschiedenen Fado-Restaurants ein- und ausgehen.

150 SENHOR VINHO

Rua do Meio à Lapa 18
Lapa ③
+351 21 397 2681
www.srvinho.com

Senhor Vinho verdankt seinen hohen
Stellenwert seiner charismatischen Be-
sitzerin, der berühmten Fado-Sängerin
Maria da Fé, die immer noch regelmäßig
dort singt und der Vorstellung einen
Hauch von Prominenz verleiht. Es ist bei
Weitem das eleganteste Fado-Restaurant
der Stadt, und die Qualität der Speisen
entspricht der gut ausgestatteten Einrichtung und dem persönlichen Service.

Die 5 besten Orte zum
TANZEN

---

151 LUX

**Avenida Infante
Dom Henrique
Santa Apolónia** ⑨
+351 21 882 0890
www.luxfragil.com

LUX ist der einzige Club in Lissabon, der einen Platz auf der Liste der besten Tanz-clubs der Welt verdient. Besitzer Manuel Reis richtete ihn in einem ehemaligen Lagerhaus am Fluss ein, es gibt zwei Stockwerke und eine Dachterrasse für die wärmeren Monate.

152 MUSICBOX

**Rua Nova do
Carvalho 24
Cais do Sodré** ⑥
+351 21 347 3188
*www.musicbox
lisboa.com*

Musicbox wurde 2006 an einem schönen Ort in der shabby-schicken Gegend von Cais do Sodré eröffnet. Musicbox ist teils Bühne, teils Tanzfläche, und in einem gewölbten Raum untergebracht, der aus dem späten 18. Jahrhundert stammt, was die Qualität des Klangerlebnisses steigert und auch ein Grund für den Erfolg ist.

153 SILK

**Rua da
Misericórdia 14
Chiado** ⑥
+351 91 300 9193
www.silk-club.com

Silk ist Lissabons exklusivster Nachtclub. Oft müssen Sie auf der Gästeliste stehen, um in den Club zu kommen – reservieren Sie also vorher telefonisch einen Platz. Der Club befindet sich im obersten Stockwerk eines Bürogebäudes in Chiado und bietet ein schönes Panorama auf das historische Lissabon und den Fluss.

154 RIVE-ROUGE

Mercado da Ribeira
Cais do Sodré ⑥
+351 21 346 1117
www.rive-rouge.com

Rive-Rouge ist im Besitz des örtlichen Nachtleben-Gurus Manuel Reis, rot (*rouge*) eingerichtet und liegt am Nordufer (*rive*) des Tejo, daher der Name. Das Rot kommt von der Tatsache, dass dieses Gebiet das Rotlichtviertel der Stadt war, bevor es angesagt und modisch wurde. Der Club ist vom frühen Abend an für Feierabend-Drinks bis spät in die Nacht zum Tanzen geöffnet.

155 B.LEZA

Cais Gás 1
Cais do Sodré ⑥
+351 21 010 6837

Ein einzigartiger afrikanischer Club, der 1995 eröffnet wurde. Seit fast 20 Jahren leistet er eine lobenswerte Arbeit bei der Förderung afrikanischer Musik (vor allem Musik aus den Kapverden) und Kultur. Er zieht eine Heerschar von Fans an, die kommen, um zum Rhythmus des Schwarzen Kontinents zu tanzen.

Die 5 schönsten
(DACH-)TERRASSEN

156 RIO MARAVILHA

LX Factory,
Entrada 3, Piso 4
Rua Rodrigues
Faria 103
Alcântara ①
+351 96 602 8229
www.riomaravilha.pt

Eines der coolsten Restaurants der Stadt befindet sich im obersten Stockwerk eines der baufälligen Gebäude der LX Factory und bietet einen atemberaubenden Blick auf den Fluss und die Christo-Rei-Statue, die von der Christo-Redentor-Statue von Rio de Janeiro inspiriert wurde. Die Freiluftbar ist angesagt.

157 HOTEL DO CHIADO

Rua Nova do
Almada 114
Chiado ⑥
+351 21 325 6100
www.hoteldochiado.pt

Diese Terrasse im Hotel do Chiado (S. 216) bietet einen eindrucksvollen Blick auf das Schloss und das Baixa-Viertel, wobei der allgegenwärtige Fluss das Bild auf der rechten Seite säumt. Der gemütliche Innenraum mit überdimensionalen Fenstern verfügt über eine Austernbar.

158 DARWIN CAFÉ

Avenida Brasília
Ala B
Belém ②
+351 21 048 0222
www.darwincafe.com

Das Darwin Café befindet sich im »Zentrum für das Unbekannte« der Stiftung zur Förderung der medizinischen Forschung im Bereich der Sehkraft, in der Nähe der Mündung des Tejo, und ist wahrscheinlich die grandioseste Terrasse am Flussufer der Stadt.

159 LE CHAT

**Jardim 9 de Abril
Janelas Verdes ①
+351 21 396 3668
www.lechatlisboa.com**

Ein wahrhaft prächtiges Terrassencafé am Rande eines abgelegenen Gartens neben dem Antiquitätenmuseum. Die zeitgenössische Architektur des Cafés, das als Glaskonstruktion konzipiert ist, fügt sich perfekt in den Garten und die Weitläufigkeit des Flusses ein, der zu seinen Füßen liegt.

160 INSÓLITO

**Rua São Pedro de
Alcântara 83
Chiado ⑥
+351 21 130 3306
www.theinsolito.pt**

Insólito gehört den Brüdern D'Eça Leal, ebenso wie das benachbarte The Decadente (S. 27), und ist seinem portugiesischen Namen treu geblieben, was so viel bedeutet wie »ungewöhnlich«. Es befindet sich im obersten Stockwerk eines Palastes, der den Aussichtspunkt von São Pedro de Alcântara (S. 142) überblickt und einen herrlichen Blick auf die Altstadt, das Schloss und den Fluss bietet.

160 INSÓLITO

Die 5 schönsten

BARS AUS EINER ANDEREN ZEIT

---

161 PROCÓPIO

**Alto de
São Francisco 21A
Amoreiras** ④
+351 21 385 2851
www.barprocopio.com

Alles in Procópio scheint aus einer längst vergangenen Zeit zu stammen, beginnend mit dem Eingang in einer scheinbar ländlichen Gasse abseits des Amoreiras-Gartens. Sobald Sie die Türklingel betätigen und hineingehen, werden Sie sich wie ein Zeitreisender fühlen, der gerade 100 Jahre zurück in die Vergangenheit gereist ist, in ein von Intellektuellen frequentiertes Art-Nouveau-Stil-Bohème-Café in Paris.

162 PAVILHÃO CHINÊS

**Rua Dom Pedro V 89
Príncipe Real** ⑤
+351 21 342 4729
*www.facebook.com/
pavilhaochineslisboa*

Dies ist sicherlich eine der schönsten Bars der Welt. Obwohl ... Pavilhão Chinês als Bar zu bezeichnen, entspricht nicht dem, was es wirklich ist. Es wäre gerechter, es als Museum für Spielzeug und Kuriositäten zu bezeichnen, wenn man bedenkt, dass in jedem Quadratzentimeter der fünf labyrinthartigen Räume eine schillernde Sammlung zu sehen ist.

163 FOXTROT

Tv. Santa Teresa 28
Príncipe Real ⑤
+351 21 395 2697
www.barfoxtrot.pt

Ein Juwel einer Bar in einer ruhigen
Straße des Príncipe-Real-Viertels. Die
Stimmung ist eine Mischung aus klassi-
scher Lissabon-Bar-Atmosphäre und eng-
lischer Kneipe. Wie zu erwarten (und zu
hoffen), gibt es einen Kamin und einen
Billardtisch. Bis spät in die Nacht können
Sie etwas zu essen bestellen.

164 WANLI

Calçada do Marquês
de Abrantes 82
Santos ③
+351 21 603 1562
*www.facebook.com/
wanlicafe*

In dieser Bar mit ihrem kuriosen Namen
fühlen Sie sich eher wie in einer Privat-
wohnung als in einem kommerziellen
Unternehmen. Wenn Sie eintreten, finden Sie eine gut ausgestellte Sammlung
von Antiquitäten und Vintageartikeln
vor, die im Lauf der Jahre vom Barbe-
sitzer zusammengetragen wurden, der
immer da ist, um die Gäste in seinem
»Zuhause« willkommen zu heißen.

165 SNOB BAR

Rua do Século 178
Príncipe Real ⑤
+351 21 346 3723
*www.snobarestaurante.
com*

Die seit den 1970er-Jahren geöffnete,
abgeschiedene Bar ist seit jeher ein
beliebter Treffpunkt für Journalisten,
Künstler und Politiker, die die ruhige
Atmosphäre und das berühmte Steak
lieben. Sie müssen die Glocke läuten, um
vom Besitzer selbst hereingelassen zu
werden, der darauf achtet, jeden Gast an
der Tür willkommen zu heißen.

WEINE AUS DEM LISSABON-GEBIET

---

166 MOSCATEL DE SETÚBAL

Moscatel ist eine sehr aromatische Rebsorte mit Noten von Zitrusfrüchten und blumigen Aromen. Sie reift zu hohen Zuckerwerten und ist ideal für die Herstellung von Süßweinen. Die Moscatel-Weine von der Halbinsel Setúbal (30 Minuten südlich von Lissabon) werden seit über 200 Jahren produziert und haben Weltruhm erlangt.

167 QUINTA DO MONTE D'OIRO

Das preisgekrönte Weingut Quinta do Monte d'Oiro in Alenquer, etwa 60 Kilometer nördlich von Lissabon, wurde 1990 vom Winzer José Bento dos Santo gegründet. Er hat es sich zur Aufgabe gemacht, hochwertige, tiefgründige, mineralische und personalisierte Weine zu produzieren, die die einzigartige Region seines Weinbergs widerspiegeln.

168 COLARES AND CARCAVELOS WINES

Heutzutage wird in den berühmten Weinregionen Colares und Carcavelos, westlich von Lissabon gelegen, nur noch sehr wenig Wein produziert. In Carcavelos werden winzige Mengen an angereichertem Süßwein aus roten oder weißen lokalen Trauben hergestellt, in Colares hochsaure, tanninhaltige Rotweine sowie sanft aromatische Weißweine auf der Basis von Malvasia.

169 LISBON DOC WINES

Lissabon ist eine Weinregion mit neun Teilregionen, die sich entlang der Atlantikküste erstreckt und durch kleine, hügelige Hänge und ein gemäßigtes Klima auszeichnet. Zu den traditionellen Weißweinsorten, die hier produziert werden, gehören Arinto, Fernão Pires und Malvasia, und für Rotweine sollten Sie Alicante Bouschet, Aragonez und Castelão probieren.

170 JOSÉ MARIA DA FONSECA

José Maria da Fonseca ist ein zwei Jahrhunderte altes Familienunternehmen, das älteste in der Region Setúbal. Auf fast 650 Hektar Rebfläche entstehen hochwertige Weine wie Periquita, Domini, José de Sousa und Alambre. Das Unternehmen verfügt über ein sehr informatives Besucherzentrum in Azeitão.

70 ORTE
ZUM SHOPPEN

———

Die 5 inspirierendsten

MODEDESIGNER

171 ALVES/GONÇALVES
Travessa Guillherme
Cossoul 16
Chiado ⑥
+351 21 346 3125

Das berühmte Modedesigner-Duo Manuel Alves und José Manuel Gonçalves betreibt in Chiado einen Concept Store, in dem sie ihre Haute-Couture- und Prêt-à-porter-Kreationen zeigen. Hier werden auch Beauty-Dienstleistungen (Friseur, Make-up) in einem anspruchsvollen Ambiente angeboten.

172 NUNO GAMA
Rua de O Século 171
Príncipe Real ⑤
+351 21 347 9068

Einer der führenden Modedesigner Portugals ist Nuno Gama, dessen Herrenkollektionen von der portugiesischen Kultur und der Ikonografie des Landes inspiriert sind. In seinem Concept Store in Príncipe Real verkauft er Kleidung, Schuhe und Accessoires, und es gibt auch einen hippen Friseur.

173 LIDIJA KOLOVRAT
Rua Dom Pedro V 79
Príncipe Real ⑤
+351 21 387 4536
www.lidijakolovrat.org

Die Boutique und das Atelier der gebürtigen Bosnierin Lidija Kolovrat befinden sich im Herzen von Príncipe Real, dem Viertel für innovative Designer in Lissabon. Dort verkauft sie ihre Kollektionen und auch Accessoires sowie eine Reihe von Dekoartikeln für den Wohnbereich.

174 DINO ALVES

Rua da Madalena 91,
1dto
Baixa ⑥
+351 21 886 5252
www.dinoalves.eu

Dino Alves entwirft kreative Mode in Portugal und scheut sich nicht davor, originelle und sogar provokante Materialien und Styling-Features zu verwenden. Sein Genie hat ihn zu einer festen Größe auf den Modenschauen des Landes gemacht, und seine Marke ist ein Synonym für Risikobereitschaft und einen künstlerischen Umgang mit Mode.

175 FILIPE FAÍSCA

Calçada do
Combro 99
Chiado ⑤
+351 21 342 0014
www.filipefaisca.com

Filipe Faísca, ein bekannter Name in der portugiesischen Modeszene, begann bereits in den 1990er-Jahren seine Kreationen zu präsentieren. Er wagte sich in Bereiche wie Kino- und Theater-Garderoben-Design vor und dekorierte die auffallendsten Schaufenster der Stadt. Seine Entwürfe im urbanen Vintagestil sind wunderschön verarbeitet.

Die 5 coolsten
MODEGESCHÄFTE

176 **OFICINA MUSTRA**
Rua Rodrigues
Sampaio 81
Av. da Liberdade ④
+351 21 314 7009

Dieses gut gehütete Geheimnis liegt in einer Parallelstraße der Avenida da Liberdade, versteckt in einem ummauerten Garten, der leicht zu übersehen ist, wenn man vorbeikommt. Veríssimo Mustra und seine Frau Fatima verfolgen einen einzigartigen Ansatz in Sachen Mode und beraten als persönliche Stylisten Kunden, die Herrenbekleidung im italienischen Stil suchen.

177 **FASHION CLINIC**
Avenida da
Liberdade 180
Av. da Liberdade ④
+351 21 354 9040
www.fashionclinic.pt

Paula Amorim, aus der bekannten und wohlhabenden Familie Amorim, besitzt dieses Modegeschäft auf der Avenida da Liberdade (mit einem Herrenausstatter weiter unten auf der Straße) sowie das Gucci-Geschäft und einen Anteil an Tom Fords globaler Marke. Es ist verständlich, dass dies die erste Adresse für Luxus in der Stadt ist und eine sehr gut zusammengestellte Auswahl bietet.

178 BUBBLES COMPANY

Amoreiras Shopping
Center
Amoreiras ④
+351 91 172 3013

Das Bekleidungshaus im noblen Amoreiras-Einkaufszentrum bietet eine sehr exklusive, preisgünstige und sorgfältig ausgewählte Damenmodekollektion, die von klassisch-zeitgenössisch bis Bohème-Chic reicht.

179 AMÉLIE AU THEATRE

Rua da Escola
Politécnica 69–71
Príncipe Real ⑤
+351 21 598 2900
www.amelie-
autheatre.com

Diese ganz besondere, französisch inspirierte Boutique eröffnete Amélia Antunes (daher auch »Amélie au theatre«), eine lokale Designerin für Modeaccessoires. In ihrem Geschäft in Príncipe Real verkauft Amélia ein gut ausgewähltes Sortiment an Schuhen, Schmuck und Modeartikeln von zeitgenössischen portugiesischen Designern.

180 PARIS EM LISBOA

Rua Garrett 77
Chiado ⑥
+351 21 342 4329
www.parisemlisboa.pt

Dieses dreistöckige Geschäft, das 1888 im Herzen von Chiado eröffnet wurde, war der offizielle Lieferant der königlichen Familie und brachte die feinste Auswahl an Pariser Mode und Stoffen nach Lissabon. Auch Heimtextilien und Parfums sind im Sortiment. Das Geschäft selbst ist ein Juwel der Architektur des 19. Jahrhunderts.

5 einzigartige
VINTAGELÄDEN

181 LOJA DA ATALAIA

Av. Infante Dom
Henrique,
Cais da Pedra
Santa Apolónia ⑨
+351 21 882 2578
www.lojadatalaia.com

Manuel Reis, der Mann hinter dem Tanz-club LUX (S. 88), ist auch der Schöpfer der Loja da Atalaia, die sich zwischen dem Club und seinem Restaurant Bica do Sapato befindet. In seinem Geschäft präsentiert er eine persönliche Auswahl an wertvollen Vintage-Möbeln aus den 1950er- bis 1970er-Jahren sowie einige Kunstwerke von lokalen zeitgenössi-schen Designern.

182 MUITO MUITO

LX Factory
R. Rodrigues Faria 103
Alcântara ①
www.muitomuito.pt

Muito Muito in der LX Factory ist ein gut eingerichteter Vintageladen, der hauptsächlich Kuriositäten und kleine Möbelstücke verkauft. Das Konzept und die Auswahl des Geschäfts passen zur gesamten LX-Factory-Stimmung, einer Bohème-und-Vintage-Stadt innerhalb der Stadt. Luis Mangas, der Inhaber, bietet seinen Kunden fachkundige Hilfe an.

183 CANTINHO DO VINTAGE

Avenida Infante D. Henrique, Arm. 2
Santa Apolónia ⑨
+351 91 200 7552

Lissabons größtes Geschäft mit Vintage-Möbeln befindet sich in einem riesigen Lagerhaus im Beato-Gebiet. Es bietet zahlreiche Einrichtungsgegenstände aus Portugal, Deutschland, England und Skandinavien in allen Preisklassen an. Hier gibt es auch tolle Schnäppchen.

184 A OUTRA FACE DA LUA

Rua da Assunção 22
Baixa ⑥
+351 21 886 3430
www.aoutrafacedalua.com

A outra face da lua befindet sich in einem atemberaubenden Gebäude aus der Zeit nach dem Erdbeben von 1755 und verkauft Vintage-Kleidung für Frauen in einer Hippie-Chic-Umgebung. Die Qualität der Artikel ist besser als in jedem anderen ähnlichen Geschäft in der Stadt, und die Preise sind immer noch sehr günstig. Der Laden verfügt über ein nettes Café mit gemütlichen Tischen im Freien.

185 VINTAGE DEPARTMENT

Rua da Escola Politécnica 42
Príncipe Real ⑤
+351 91 177 8837
www.vintage-department.com

Dieses angesagte Vintage-Möbelhaus war die Idee von Emily Plaister Tome und Alma Mollemans. Das britisch-niederländische Ehepaar eröffnete zunächst ein Geschäft in Aachen und beschloss später, nach Lissabon zu gehen. Der Laden befindet sich im Erdgeschoss eines Palastes in Príncipe Real und ist mit modernen Stücken von bekannten und weniger bekannten Designern aus der Mitte des Jahrhunderts gefüllt. Außerdem finden Sie hier großartige Tierpräparationen.

Die 5
UNGEWÖHNLICHSTEN GESCHÄFTE

186 LUVARIA ULISSES
Rua do Carmo 87A
Chiado ⑥
+351 21 342 0295
www.luvariaulisses.com

Dieses Geschäft für »Handschuh-Haute-Couture« ist wahrscheinlich eines der kleinsten Geschäfte der Welt und kann nur einen Kunden auf einmal in seinem entzückenden Art-Déco-Interieur empfangen. Es verkauft ausschließlich maßgeschneiderte Handschuhe.

187 CAZA DAS VELLAS LORETO
Rua do Loreto 53/5
Chiado ⑥
+351 21 342 5387
www.cazavellasloreto.com.pt

Seit der Eröffnung 1789 werden hier Kerzen in allen Formen, Größen, Düften und Farben verkauft. Der holzverkleidete Laden selbst ist ein Juwel der kommerziellen Architektur. Wenn Sie hineingehen, werden Sie sich fühlen, als ob Sie in die Vergangenheit zurückversetzt worden wären.

188 VIDA PORTUGUESA
Rua Anchieta 11
Chiado ⑥
+351 21 346 5073
www.avidaportuguesa.com

In diesen atemberaubenden traditionellen Souvenirläden werden alle angebotenen Artikel von Catarina Portas sorgfältig ausgewählt, der Hauptverantwortlichen für dieses unglaubliche Konzept, das vielen traditionellen Herstellern geholfen hat, eine zweite Chance für ihre Produkte zu bekommen.

189 CHAPELARIA D'AQUINO

Rua do Comércio
16A
Baixa ⑥
+351 91 227 7783

Dies ist einer der wenigen Läden aus einer anderen Zeit, die es in Lissabon noch gibt. Das Fachgeschäft für Kopfbedeckungen ist seit vielen Generationen einer der bevorzugten Hutlieferanten von modischen *Lisboetas*.

190 CASA PEREIRA

Rua Garrett 38
Chiado ⑥
+351 21 342 6694

Casa Pereira ist seit Anfang des 20. Jahrhunderts ein Familienbetrieb. Hier gibt es hochwertige Kaffeebohnen, Tees und Pralinen zu kaufen. Wie in der Vergangenheit bezieht das Geschäft auch heute noch viele seiner Produkte von Lieferanten aus den ehemaligen portugiesischen Kolonien, nämlich Kaffee und Schokolade aus São Tomé und Brasilien.

5 der besten
BUCHLÄDEN

---

191 LIVRARIA FÉRIN

Rua Nova do
Almada 70–74
Chiado ⑥
+351 21 342 4492
www.ferin.pt

Livraria Férin ist seit mehreren Generationen im Familienbesitz, was es ermöglichte, das Konzept und den Service so beizubehalten, wie sie seit der Eröffnung des Geschäfts in den 1840er-Jahren waren. Das Geschäft soll der zweitälteste Buchladen Portugals sein, was bedeutet, dass es sicher viele seltene Bücher in den Regalen zu finden gibt.

192 FÁBRICA DO BRAÇO DE PRATA

Rua da Fábrica de
Material de Guerra 1
Beato ⑨
+351 96 551 8068
www.bracodeprata.com

Hier finden Sie Bücher, keine Frage, aber der Laden ist gleichzeitig ein lebendiges Kulturzentrum für das alternative Hipsterpublikum mit Kunstausstellungen, Livemusik, Vorträgen und sogar einem Restaurant. All dies geschieht in der einzigartigen Kulisse einer ehemaligen Fabrik im Osten von Lissabon – es ist ein ganz besonderer Ort.

193 LER DEVAGAR

LX Factory
R. Rodrigues Faria 103
Alcântara ①
+351 21 325 9992
www.lerdevagar.om

Diese wandernde Buchhandlung testete mehrere Standorte in Lissabon, bis sie sich vor einigen Jahren im Hipster-Chic-Projekt LX Factory in einem ehemaligen Lagerhaus niederließ. Ler Devagar hat eine treue Anhängerschaft, was sein Durchhaltevermögen in der heutigen für den Buchhandel schwierigen Zeit erklärt.

194 PÓ DOS LIVROS

Avenida Duque de
Avila 58A
Avenidas Novas ⑧
+351 21 795 9339
livrariapodoslivros.
blogspot.com

Die unabhängige Nachbarschaftsbuchhandlung wird für ihren persönlichen und fachkundigen Service sowie für die Qualität und Relevanz ihrer literarischen Auswahl gelobt. Die Eigentümer legen Wert darauf, weniger bekannte Autoren und Verlage zu fördern, und verkaufen auch gebrauchte Bücher.

195 LIVRARIA BERTRAND

Rua Garrett 73–75
Chiado ⑥
+351 21 347 6122
www.bertrand.pt/
livrarias-bertrand

Livraria Bertrand ist die älteste Buchhandlung der Welt. Sie wurde 1732 von den französischen Brüdern Bertrand eröffnet. Mittlerweile ist es kein Familienunternehmen mehr, sondern der Hauptstandort einer Buchhandelskette (und eines Verlages), hat aber trotzdem noch seinen ursprünglichen Charme. Es gibt eine interessante Auswahl an internationalen Magazinen.

Die 5 besten
STRASSENMÄRKTE

---

196 FEIRA DA LADRA
Campo de Santa Clara
Graça ⑦

Jeden Samstag- und Dienstagmorgen strömen Einheimische und Besucher auf den Platz Campo de Santa Clara (neben dem Nationalen Pantheon, S. 130), um auf dem faszinierendsten Flohmarkt Lissabons nach Schnäppchen und Kuriositäten zu suchen. Für jedes Budget ist hier etwas dabei.

197 MERCADO BIOLÓGICO DO PRÍNCIPE REAL
Praça do Príncipe Real
Príncipe Real ⑤

Der einzige Markt für Bio-Bauern findet jeden Samstagmorgen rund um den Garten Príncipe Real statt. Die Marktverkäufer bieten Gemüse, Früchte, Olivenöl, frische Kräuter und andere Produkte von höchster Qualität und einem ausgezeichneten Preis-Leistungs-Verhältnis an.

198 LX FACTORY SUNDAY MARKET
LX Factory
R. Rodrigues Faria 103
Alcântara ①
+351 21 314 3399
www.lxfactory.com

LX Factory ist ein erfolgreiches Stadterneuerungsprojekt und in ehemaligen Lagerhallen und Fabriken aus dem 19. Jahrhundert in Alcântara untergebracht. Heute finden sich hier kreative Unternehmen, Künstler, ein fantastisches Restaurant, ein Ausgehviertel und ein Ort für kulturelle Aktivitäten.

199 MERCADO DO JARDIM

Jardim da Estrela
Estrela ③
+351 91 413 8287

Im Garten von Estrela (S. 157) findet an jedem ersten Wochenende des Monats (außer Januar und August) eine Handwerksmesse statt, bei der die Verkäufer ihre Ware auf den Gartenwegen ausbreiten, ihre Kunstgegenstände verkaufen und die Familien ihre Kinder mitbringen, um die Natur zu genießen. Im Sommer nutzen die Menschen die Gelegenheit, um auf dem Rasen zu picknicken.

200 AVENIDA DA LIBERDADE MARKET

Av. da Liberdade ④

Auf den breiten, gepflasterten Bürgersteigen der Avenida da Liberdade findet regelmäßig ein Antiquitätenmarkt statt (jedes zweite Wochenende im Monat sowie von Mai bis Oktober jeden vierten Donnerstag und Samstag), der viel gehobener ist als der von Feira da Ladra. Es ist das schönste Straßenfest in Lissabon.

196 FEIRA DA LADRA

5 der besten
BLUMENLÄDEN

---

201 MERCADO DA RIBEIRA

Avenida 24 de
Julho 50
Cais do Sodré ⑥

Nach einer umfassenden Renovierung wurden viele neue Stände und Kioske auf dem größten Markt von Lissabon errichtet, aber auch die alten traditionellen Anbieter blieben erhalten. In den Blumenläden finden Sie eine schöne Auswahl an frischen Blumen zu einem sehr fairen Preis.

202 FLOWER POWER

Calçada do Combro 2
Chiado ⑥
+351 21 342 2381
www.flowerpower.
com.pt

Dieser originelle Blumenladen am Rande von Chiado und Bairro Alto ist bekannt für seine kreativen und zeitgemäßen Blumenarrangements. Es gibt auch ein entzückendes kleines Café, in dem leichte Gerichte serviert werden. Die Außentische sind sehr beliebt.

203 FLOR FLOR

Largo Vitorino
Damásio 3C – Pav. 3
Santos ③
+351 21 397 3050
www.florflor.pt

Flor Flor ist im Besitz der Brüder Piano, die seit über 20 Jahren im Blumenhandel in Portugal und Angola tätig sind. Ihr Können ist weithin bekannt, was ihre Kundenliste beweist. Ihr Geschäft befindet sich in einem Innenhof in Santos mit einem Pariser Flair – ein perfekter Ort für ein Geschäft wie dieses.

204 DECOFLORÁLIA

Rua Castilho, 185C
Parque Eduardo VII ④
+351 21 387 2454
www.decofloralia.pt

Einer der traditionsreichsten Floristen in Lissabon, der seit 1976 geöffnet ist und für seine Blumenarrangements für Hochzeiten und Events bekannt ist – der bevorzugte Lieferant der führenden Caterer und Hotels der Stadt. Die Belegschaft (30 Personen!) schafft aus frischen und trockenen Blumen wunderschöne Dekorationen.

205 REPÚBLICA DAS FLORES

Rua da Misericórdia 31
Chiado ⑥
+351 21 342 5073
www.republica
dasflores.pt

Hier können Sie außergewöhnliche Blumenarrangements kaufen und darüber hinaus Düfte, Leinen, Wohnaccessoires, Kerzen, exotische Stoffe, Champagner und Süßigkeiten. República das Flores ist eine Ali-Baba-Höhle direkt im Herzen von Lissabon.

205 REPÚBLICA DAS FLORES

Die 5 besten
DESIGNLÄDEN

---

206 LINHA DA VIZINHA

Av. Conselheiro
Fernando de
Sousa 27A
Amoreiras ④
+351 21 382 5350
*www.alinhada
vizinha.pt*

Lissabons führender Designladen bietet eine Reihe führender Marken für Wohn-, Garten- und Büromöbel sowie Leuchten wie Vitra, Capellini, Fritz Hansen, Edra und Flos an. Der Laden ist der Hauptsitz eines Unternehmens, das große Möbelaufträge für Firmenkunden ausführt.

207 POEIRA

Rua da Imprensa à
Estrela 21B
Estrela ③
+351 21 395 4229
www.poeiraonline.com

Die Jet-Setter-Innenarchitektin Mónica Penaguião besitzt diesen unkonventionellen Designladen in der Straße des Palastes des Premierministers (mit Zwillingsläden in Rio de Janeiro und São Paulo). Sie selbst wählt die angebotenen Produkte aus, eine Mischung aus internationalen Marken und Kunsthandwerk.

208 ESPAÇO B

Rua Dom Pedro V 120
Príncipe Real ⑤
+351 21 346 1210
www.espaco-b.com

Dieser Concept Store, der von denselben Leuten geführt wird wie B Bazar und Arquitectónica, bietet eine vielseitige und anspruchsvolle Auswahl an Damen- und Herrenmode, Kunst- und Designbüchern, Uhren, Parfüms, Musik-CDs und Duftkerzen.

209 NORD

Av. Infante Dom
Henrique, Cais da
Pedra, loja 6
Santa Apolónia ⑨
+351 21 882 1045
www.lojanord.com

NORD ist ein Designladen in einer Reihe
von coolen ehemaligen Lagerhäusern
in Santa Apolónia, die heute einige der
angesagtesten Adressen von Lissabon
beherbergen. Es handelt sich um einen
kleinen Laden, in dem ausschließlich
Stücke nordischer Designer wie Cecilie
Manz, Finn Juhl, Monica Förster und
Arne Jacobsen verkauft werden.

210 ROOF

Rua Nova do Almada 1
Baixa ⑥
+351 21 325 8847
www.roof.pt

ROOF ist ein anspruchsvoller Laden für
Innenarchitektur direkt unterhalb von
Chiado. Die Kollektion, die von einem
Team von Designern und Architekten
sorgfältig ausgewählt wurde, besteht
aus Stücken, die von der Beleuchtung
über Wohn- und Büromöbel bis hin zu
dekorativen Accessoires reichen.

207 POEIRA

Die 5 besten

LEBENSMITTELMÄRKTE

---

211 MERCADO DA RIBEIRA

Av. 24 de Julho 50
Cais do Sodré ⑥
+351 21 359 3100

Der größte Lebensmittelmarkt von Lissabon, der 1892 erbaute Mercado da Ribeira, wurde von der Zeitschrift *Time Out* renoviert, nachdem er viele Jahre vernachlässigt wurde. Neue Essensstände und Kioske kamen hinzu, aber auch die traditionellen Markthändler blieben erhalten. Der Markt wurde schnell zum neuen Lebensmittelzentrum der Stadt und zur zweitbeliebtesten Touristenattraktion.

212 MERCADO DE CAMPO DE OURIQUE

Rua Coelho da Rocha
Campo de Ourique ③
+351 21 132 3701
*www.mercado
decampodeourique.pt*

Dieser gemütliche Lebensmittelmarkt in Campo de Ourique war der erste in der Stadt, der renoviert wurde, und war beispielgebend für andere Märkte. Zu den Neuzugängen gehören ein Dutzend Essensstände, die sich perfekt in die traditionellen Anbieter von Fisch, Gemüse und Obst einfügen. Der Markt ist einer der Hotspots der Stadt.

213 MERCADO DE ALVALADE NORTE

Av. Rio de Janeiro 27
Alvalade ⑧
+351 21 849 1860

Dieser Lebensmittelmarkt im Norden Lissabons ist bekannt für die Qualität seiner Produkte. Anders als die Märkte von Ribeira, Campo de Ourique und Algés wurde er noch nicht renoviert. Dieser Markt ist also der richtige Ort, wenn Sie ein traditionelles und nachbarschaftliches Ambiente suchen.

214 MERCADO DE ALGÉS

Rua Luís de Camões
Algés ①
www.mercado
dealges.pt

Dies ist ein weiterer typischer Lebensmittelmarkt in Lissabon, der aus den 1950er-Jahren stammt. Er wurde vor Kurzem renoviert und beherbergt nun neben den traditionellen Verkaufsständen auch 16 Gastronomiebetriebe und eine Außenterrasse. Dieser lebendige Ort eignet sich hervorragend dazu, die Lebensart von Lissabon zu genießen.

215 MERCADO 31 DE JANEIRO

Rua Engenheiro
Vieira da Silva
Saldanha ⑧
+351 21 354 0988

Dieser Markt im Herzen des Geschäftsviertels bietet eine große Auswahl an Lebensmittelständen sowie zwei Restaurants, die Menüs mit Zutaten aus den angrenzenden Ständen anbieten (eines davon ist vegetarisch). Außerdem gibt es ein interessantes Geschäft mit Vintage-Möbeln, ein Ableger von Cantinho do Vintage.

5 ALTE
HANDELSSTRASSEN

216 RUA DOS DOURADORES
Baixa ⑥

In der Rua dos Douradores (Vergolder-straße) gab es früher mehrere Geschäfte mit Kunsthandwerkern, die mit Gold, vergoldeten Rahmen, Büchern oder Möbeln arbeiteten. Es war ein sehr begehrtes Handwerk im alten Lissabon, und die Portugiesen hatten einen internationalen Ruf für hervorragende Vergoldungsarbeiten.

217 RUA DOS CORREEIROS
Baixa ⑥

Dies ist ein weiteres Beispiel für eine Handelsstraße, die ihren Namen nach dem Erdbeben von 1755 und der anschließenden Renovierung der Innenstadt erhielt. Die *correeiros* waren die Sattler der Stadt, die Ausrüstungen für den Reitsport und für die Pferdekutschen anfertigten.

218 RUA DOS FANQUEIROS
Baixa ⑥

Die Rua dos Fanqueiros (Stoffstraße), eine sehr belebte Einkaufsstraße mit Geschäften für jedes Budget, hat sich im Laufe der Zeit kaum verändert: Sie finden hier Dutzende Geschäfte, die Stoffe für Mode und den Haushalt verkaufen.

219 RUA DA PRATA
Baixa ⑥

Nach dem Erdbeben von 1755 konzentrierten sich die Silberjuweliere der Stadt entlang dieser Innenstadtstraße, einer der breitesten in Baixa. Heute existieren noch viele dieser Läden, einige davon stammen aus dem 18. Jahrhundert, als Silber aus den Minen in Brasilien, einer ehemaligen portugiesischen Kolonie, nach Portugal gebracht wurde.

220 RUA DO OURO/ RUA ÁUREA
Baixa ⑥

Die Rua do Ouro (Goldschmiedestraße) war eine der Handelsstraßen, die bereits existierten, bevor das Erdbeben von 1755 einen großen Teil der Stadt zerstörte. Nach der Renovierung der Stadt wurden die Geschäfte an Goldschmieder und Uhrmacher vermietet. Später wurden mehrere Gebäude von Banken übernommen.

Die 5 besten
SALONS *und*
FRISEURLÄDEN

221 PATRICK

Av. da Liberdade 245
Av. da Liberdade ④
+351 21 315 0578
www.patrick
cabeleireiro.pt

Der gebürtige Brüsseler Patrick Depaus ist eine Institution der Lissaboner Friseurszene. Als er vor mehr als 30 Jahren nach Portugal kam, war Patrick einer der Ersten, der eine neue Generation von Salons in der Stadt gründete und seine künstlerischen Fähigkeiten in die Praxis umsetzte. Das Ergebnis ist eine der besten Kundenlisten der Stadt.

222 PURISTA

Rua Nova da
Trindade 16C
Chiado ⑥
+351 91 644 2744

Ein fetziges Konzept, das eine Bar (spezialisiert auf belgisches Bier) mit einem Friseursalon verbindet. Die männlichen Kunden können sich ihren Bart und ihre Haare Tag und Nacht schneiden lassen, während sie einen Drink nehmen und der großen Musikauswahl und gelegentlichen Liveshows lauschen.

223 FACTO LAB

Rua do Norte 40–42
Bairro Alto ⑤
+351 21 347 8821
www.factohair.com

Facto Lab gilt weithin als einer der trendigsten und gewagtesten Friseursalons in Lissabon, und seine Stammkunden (viele aus der Mode- und Kunstwelt) strömen zu ihm, wenn sie nach einem stilvollen und originellen Look suchen. Wie zu erwarten, liegt er im Herzen des avantgardistischen Viertels Bairro Alto.

224 HAIR FUSION

Travessa do Carmo 14
Chiado ⑥
+351 21 347 7302
www.hairfusion.pt

Hairstylisten wie Joana Oliveira und Alexandre Silva stehen an der Spitze von Hair Fusion, einem coolen, shabby-schicken Salon, der sich in einem alten Gebäude in Chiado befindet. Er ist der Lieblingssalon von Top-Models und -Schauspielerinnen des Landes. Hier sehen Sie wahrscheinlich eine nationale Berühmtheit.

225 FIGARO

Rua do Alecrim 39
Chiado ⑥
+351 21 347 0199
www.figaroslisboa.com

Als dieser altmodische Friseurladen vor ein paar Jahren eröffnet wurde, sorgte er für Aufsehen in der Stadt, weil er keine Frauen hineinließ, was zu feministischen Protesten führte. Die Dinge beruhigten sich bald danach. Seitdem wurden vielen anspruchsvollen Männern Haarschnitte der 1920er- bis 1950er-Jahre und Rasuren verpasst.

5
EINKAUFSSTRASSEN

226 RUA DE SÃO BENTO
Príncipe Real ⑤

Diese Einkaufsstraße ist berühmt für ihre Antiquitätenhändler, über 20 Geschäfte verkaufen einige der besten Stücke der Stadt. Sehenswert sind Câmara dos Pares, São Roque und Miguel Arruda. Probieren Sie außerdem das Eis bei Nannarella und die Pralinen bei Denegro.

227 RUA DA ESCOLA POLITÉCNICA
Príncipe Real ⑤

Diese Straße in Príncipe Real ist eine der angesagtesten der Stadt. Einheimische und Besucher bummeln in den Concept Stores (Entretanto und Embaixada, S. 124), Antiquitätenhandlungen und Restaurants (Zero Zero und Prego da Peixaria). Auch der Botanische Garten (S. 155) und das Naturkundemuseum (S. 169) befinden sich hier.

228 RUA GARRETT
Chiado ⑥

Die Rua Garrett beherbergt einige der besten Cafés, Boutiquen, Buchhandlungen (Bertrand, S. 107), traditionelle Geschäfte (Casa Pereira, S. 105, und Paris em Lisboa, S. 101), ein Einkaufszentrum und Flagship Stores globaler Marken wie Nespresso, Boss, Swarovski oder Tous.

229 **AVENIDA DE ROMA**
Avenidas Novas ⑧

Die Avenida de Roma im Stadtteil Alvalade ist eine der Hauptverkehrsstraßen, die Anfang des 20. Jahrhunderts im Zuge der Stadterweiterung gebaut wurden. Sie ist das Epizentrum des nördlichen Lissabon und ein großartiger Ort, um authentisches lokales Leben zu erleben.

230 **RUA FERREIRA BORGES**
Campo de Ourique ③

Diese von Bäumen gesäumte Straße ist berühmt für ihre Geschäfte und Cafés. Menschen aus der ganzen Stadt kommen hierher, um sich zu entspannen und die Wärme des Campo de Ourique, dem Lieblingsviertel der Lissabonner, zu spüren. Trinken Sie einen Kaffee auf der Außenterrasse von Tentadora, bevor Sie auf Shoppingtour gehen.

228 RUA GARRETT

Die 5 besten

ANTIQUITÄTEN-GESCHÄFTE

---

231 LIVRARIA CAMPOS TRINDADE

Rua do Alecrim 44
Chiado ⑥
+351 21 347 1857
www.livraria
campostrindade.com

Diese Schatzkiste mit alten Büchern ist ein Familienunternehmen der zweiten Generation, das in den 1970er-Jahren vom Vater des heutigen Besitzers, Bernardo Trindade, eröffnet wurde. Es ist wahrscheinlich der beste Ort in der Stadt, um literarische Raritäten zu entdecken, und Bernardo ist immer da, um zu beraten. Auch wenn Sie nichts kaufen, ist der Laden ein wahres Vergnügen.

232 D'OREY TILES

Rua do Alecrim 68
Chiado ⑥
+351 21 343 0232
www.doreytiles.pt

Glasierte Fliesen (*azulejos*) sind in Portugal seit der langen maurischen Besetzung, die sieben Jahrhunderte dauerte und 1250 endete, eine geschätzte Tradition. Dieses Geschäft ist das beste in der Stadt für *azulejos*, und seine Auswahl umfasst viele Jahrhunderte, von maurisch inspirierten über barocke bis hin zu zeitgenössischen Entwürfen.

233 JORGE WELSH

Rua da
Misericórdia 43
Chiado ⑥
+351 21 395 3375
www.jorgewelsh.com

Jorge Welsh ist einer der weltweit führenden Experten für chinesisches Porzellan, und sein eleganter und anspruchsvoller Laden in Chiado (er besitzt einen weiteren in London) bietet eine wertvollere Sammlung als viele Museen. Wenn Sie sich für Porzellan aus Fernost begeistern, ist dieses außergewöhnliche Geschäft genau das Richtige für Sie.

234 SÃO ROQUE

R. de São Bento 269
Príncipe Real ⑤
+351 21 397 0197
www.antiguida
dessaoroque.com

Lissabons bester Antiquitätenhändler hat zwei exquisite Geschäfte in der Rua de São Bento: São Roque und São Roque Too. Beide zeigen Stücke, die vom Besitzer, Mário Roque, gesammelt wurden. Hier finden Sie die bei Weitem beste Auswahl an Antiquitäten und moderner Kunst, die in der Stadt erhältlich ist.

235 MIGUEL ARRUDA

R. de São Bento 356
Príncipe Real ⑤
+351 21 396 1165
www.arruda.pt

Miguel Arruda besitzt auch ein Auktionshaus. Dies gibt ihm die Möglichkeit, erstklassige Stücke für seinen Antiquitätenladen, der sich in einem Gebäude aus dem 18. Jahrhundert in São Bento befindet, zu kaufen. Dort zeigt er antike Möbel, religiöse Kunst, Gemälde alter Meister, Porzellan und Silberwaren.

Die 5 besten
CONCEPT STORES

236 SKINLIFE

Rua Paiva de
Andrade 4–4A
Chiado ⑥
+351 21 193 0236
www.skinlife.pt

Das niederländische Ehepaar Dennis
und Patrick besitzt diesen einzigartigen
Parfüm- und Kosmetik-Concept-Store
in Chiado. Der schön gestaltete Laden
verkauft eine exquisite Auswahl an
exklusiven Labels und Signaturlinien
von Hautpflege-, Haar- und Make-up-
Produkten.

237 EMBAIXADA

Praça do Príncipe
Real 26
Príncipe Real ⑤
+351 96 530 9154
www.embaixadalx.pt

Diese Einkaufsgalerie, die sich in einem
malerischen neomaurischen Palast aus
dem 18. Jahrhundert befindet, ist in
Wirklichkeit ein großer Concept Store
mit etwa einem Dutzend verschiedener
Geschäfte, die sich über die zwei Stockwerke des Gebäudes verteilen. Außerdem gibt es hier einige Restaurants und
eine Außenterrasse.

238 CASA PAU-BRASIL

Rua da Escola
Politécnica 42
Príncipe Real ⑤
+351 21 342 0954
www.facebook.com/
paubrasillisboa

Dieser Concept Store, der im Castilho Palace untergebracht ist, ist wirklich einzigartig. Er beherbergt mehrere kleine Läden, die sich jeweils in einem anderen Raum des Palastes befinden. Jedes kleine Geschäft repräsentiert eine brasilianische Marke aus verschiedenen Bereichen: brasilianische Mode (Lenny, Juliana Herc), Beautyprodukte (Granado), Möbel (Campana Brothers) und Lebensmittel (Chocolates Q).

239 LOJA REAL

Praça do Príncipe
Real 20
Príncipe Real ⑤
+351 21 346 1147
www.loja-real.com

Loja Real begann als Geschäft für gehobene Kinderbekleidung und fügte seinem Sortiment nach und nach Kleidung und Schuhe für Frauen und Männer sowie technische Geräte, Bücher, Spielzeug und Dekorationsartikel hinzu.

240 21PR CONCEPT STORE

Praça do Príncipe
Real 21
Príncipe Real ⑤
+351 21 346 9421

Dieser Concept Store, der von dem lokalen Modedesigner Ricardo Preto gegründet wurde, ist ein Showroom für einige portugiesische und internationale Designmarken. Heute finden Sie hier fünf Geschäfte, die hausgemachte Schokolade, Damenmode, Schmuck, Wohnaccessoires und Gourmetartikel verkaufen.

25 GEBÄUDE ZUM BESTAUNEN

———

Die 5 bedeutendsten
HISTORISCHEN GEBÄUDE

---

241 MOSTEIRO DOS JERÓNIMOS

Praça do Império
Belém ②
+351 21 362 0034
*www.mosteiro
jeronimos.pt*

Dieses UNESCO-Weltkulturerbe wurde im 16. Jahrhundert im reich verzierten manuelinischen Stil erbaut. Es ist die schönste Illustration der Macht und des Reichtums der portugiesischen Nation im Zeitalter der Entdeckungen. Verpassen Sie nicht die Gräber von Vasco da Gama und Luís de Camões.

242 TORRE DE BELÉM

Avenida Brasília
Belém ②
+351 21 362 0034
www.torrebelem.pt

Der Belém-Turm (Weltkulturerbe) ist zweifellos die schönste historische Gefängnisanlage der Welt, auch wenn sie ursprünglich (1515) für die militärische Verteidigung der Stadt gebaut wurde. Es ist das Wahrzeichen von Lissabon, ein Symbol für die Stadt und Portugal.

243 ESTAÇÃO DO ROSSIO

Rua 1º de Dezembro
Baixa ⑥

Der im palastartigen neomanuelinischen Stil erbaute, historische Hauptbahnhof von Lissabon ist wohl einer der schönsten Bahnhöfe der Welt. Die jüngsten Renovierungsarbeiten haben ihm seine ganze Pracht zurückgegeben und gleichzeitig Raum für Büros, Restaurants und eine Jugendherberge geschaffen.

244 CONVENTO DO CARMO

Largo do Carmo
Chiado ⑥
+351 21 347 8629

Die bedeutenden Ruinen des gotischen Carmo-Klosters gehören zu den wenigen sichtbaren Erinnerungen an den gewaltigen 1. November 1755, als ein gigantisches Erdbeben und Tsunami die Stadt praktisch zerstörten. Die Klosterkirche blieb stehen, verlor aber ihr Dach, das nie ersetzt wurde.

245 SÉ DE LISBOA

Largo da Sé
Sé ⑦
+351 21 886 6752
www.patriarcado-lisboa.pt

Die im 11. Jahrhundert erbaute Sé-Kathedrale ist das schönste erhaltene Beispiel romanischer Architektur in Lissabon. Mit Wehrtürmen und Zinnen wirkt sie eher wie eine Burg als wie eine Kirche. Sie birgt zahlreiche Schätze, darunter Königsgräber, eine berühmte Krippe und ein gotisches Kloster.

242 TORRE DE BELÉM

Die 5
EINZIGARTIGSTEN
MONUMENTE

246 PANTEÃO NACIONAL

Campo de Santa Clara
Graça ⑦
+351 21 885 4820

Das Nationale Pantheon Portugals ist das Ziel der wichtigsten politischen und künstlerischen Persönlichkeiten des Landes. Zu den »Bewohnern« gehören mehrere ehemalige Präsidenten, Dichter und Schriftsteller, die Fado-Legende Amália Rodrigues (S. 244) und neuerdings der Fußballspieler Eusébio. (Ja, die Portugiesen stehen wirklich auf Fußball ...)

247 CRISTO REI

Alto do Pragal,
Avenida Cristo Rei
Almada ①
+351 21 275 1000
www.cristorei.pt

Dieses Denkmal wurde 1959 eingeweiht, als Symbol der Wertschätzung und Dankbarkeit der portugiesischen katholischen Kirche gegenüber Gott, der Lissabon das Desaster des Zweiten Weltkriegs erspart hat. Es ist 75 Meter hoch und bietet den phänomenalsten Blick auf die Stadt und den Tejo. Der Ausblick ist die Reise über den Fluss wert.

248 AQUEDUTO DAS ÁGUAS LIVRES

Calçada da
Quintinha 6
Campolide ④
+351 21 810 0215

Der bemerkenswerte Aquädukt von Lissabon wurde im 18. Jahrhundert erbaut. Die moderne Entwicklung der Stadt hat die meisten seiner Strukturen zerstört, aber einige sind immer noch an verschiedenen Stellen der Stadt zu sehen, vor allem im Tal von Campolide, wo der höchste Abschnitt noch immer aufrecht steht und die Passanten begeistert.

249 PRAÇA DE TOUROS DO CAMPO PEQUENO

Avenidas Novas ⑧
+351 21 799 8450
*www.campo
pequeno.com*

Lissabon hat eine der schönsten und originellsten Stierkampfarenen der Welt, die mit denen von Sevilla und Ronda konkurriert. Im 19. Jahrhundert im neomaurisch inspirierten Stil erbaut, ist sie immer noch die Bühne für Stierkämpfe, eine starke, aber umstrittene portugiesische Kulturtradition. Vor einigen Jahren wurde in den unteren Stockwerken eine Einkaufspassage errichtet.

250 PADRÃO DOS DESCOBRIMENTOS

Avenida Brasília
Belém ②
+351 21 303 1950
*www.padraodos
descobrimentos.pt*

Dieses grandiose Wahrzeichen, das stolz am Flussufer steht, ist ein Symbol für das Zeitalter der Entdeckungen – eine Hommage an Prinz Heinrich den Seefahrer und an die Seeleute und Entdecker, die unter seiner Schirmherrschaft die Welt bereisten und Portugal dadurch einen nie da gewesenen Wohlstand brachten. Ein Aufzug bringt die Besucher nach oben, wo ein Aussichtspunkt sensationelle Ausblicke bietet.

5 atemberaubende
MODERNE GEBÄUDE

251 PAVILHÃO DE PORTUGAL

Parque das Nações,
Alameda dos
Oceanos
Parque das Nações ⑩

Der Pritzker-Preisträger Siza Vieira (S. 247) entwarf diesen ikonischen Pavillon für die Weltausstellung 1998 – zu diesem Anlass entstand im industriellen Ostteil von Lissabon eine neue Stadt. Eindrucksvollstes Merkmal des Pavillons ist das riesige Betondach, das federleicht wirkt und die Schwerkraft im Auge des Betrachters infrage stellt.

252 TORRE DE CONTROLO DO PORTO DE LISBOA

Belém ②

Wer sich Lissabon vom Meer aus nähert, für den ist der schiefe Hafenkontrollturm, der vom lokalen Architekten Gonçalo Byrne entworfen wurde, ein Blickfang. Das kühne Gebäude, das dank seiner Schönheit seinen Zweck weit übertrifft, wurde mit mehreren Architekturpreisen ausgezeichnet und ist der perfekte zeitgenössische Begleiter für die anderen Baudenkmäler am Flussufer.

255 FUNDAÇÃO CHAMPALIMAUD

252 TORRE DE CONTROLO DO PORTO DE LISBOA

253 EDP HAUPTQUARTIER

Avenida 24 de Julho
Cais do Sodré ⑥

Das helle und luftige Gebäude wurde vom preisgekrönten Architekturbüro Aires Mateus als Sitz des ehemaligen staatlichen Energieunternehmens EDP entworfen. Direkt neben dem Mercado da Ribeira (S. 114) gelegen, fügt es sich trotz seiner Größe und seines Stils perfekt in die kontrastreiche Umgebung ein. Es hat in der Tat einen neuen Standard für zeitgenössische Architektur in der Stadt gesetzt.

254 MUSEU DOS COCHES

Praça Afonso de
Albuquerque
Belém ②
+351 21 361 0850
www.museu
doscoches.pt

Das neue Museu dos Coches wurde vom brasilianischen Pritzker-Preisträger Paulo Mendes da Rocha auf einem Grundstück neben dem alten Museum entworfen, das früher von der ehemaligen königlichen Reitschule beansprucht wurde. Das Museum bietet eine interessante zeitgenössische Kulisse für die reich verzierten Kutschen, von denen einige aus dem 15. Jahrhundert stammen.

255 FUNDAÇÃO CHAMPALIMAUD

Centro
Champalimaud,
Avenida de Brasília
Belém ②
+351 21 048 0200
www.fchampali
maud.org

Das Champalimaud-Zentrum für das Unbekannte ist in einem hochmodernen Gebäude untergebracht, das vom indischen Architekten Charles Correa entworfen wurde. Am Flussufer, in der Nähe der Tajo-Mündung gelegen, findet das Gebäude die perfekte Balance zwischen Form und Funktion. Es hebt die großartige Lage des Standorts hervor.

5
BEMERKENSWERTE PALÄSTE

---

256 CASA DO ALENTEJO

Rua das Portas de
Santo Antão 58
Av. da Liberdade ④
+351 21 340 5140
www.casadoalentejo.
com.pt

Die Innenräume der Casa do Alentejo
sind neomaurisch inspiriert, mit reich
verzierten Palasträumen, einem Restaurant und einem großen Saal, der die
perfekte Ausstattung für regelmäßig
stattfindende gesellschaftliche und
kulturelle Veranstaltungen bietet.

257 PALÁCIO FOZ

Praça dos
Restauradores
Av. da Liberdade ④
+351 21 322 1200
www.gmcs.pt/palaciofoz

Dieser Palast (der nur von Gruppen mit
Reservierung besichtigt werden kann)
wurde Ende des 18. Jahrhunderts erbaut
und zeigt eine Mischung verschiedener
Baustile, von Barock bis neomanueli-
nisch. Seine Räume konkurrieren in ihrer Pracht mit denen des Königspalastes.

258 PALÁCIO DA AJUDA

Largo da Ajuda
Ajuda ①
+351 21 363 7095
www.palacioajuda.pt

Nach dem großen Erdbeben und dem
Tsunami 1755, der den Königspalast
am Flussufer zerstörte, beschloss die
königliche Familie, einen neuen Palast
oberhalb von Belém zu errichten. Der
Palast wurde nie vollständig fertigge-
stellt, aber der bestehende Teil ist wegen
des reichen Dekors und der Pracht der
Räume einen Besuch wert.

259 CASTELO DE SÃO JORGE

Rua de Santa Cruz
do Castelo
Castelo ⑦
+351 21 880 0620
*www.castelode
saojorge.pt*

Dieses Schloss steht auf einem Aussichtspunkt hoch über allen anderen Hügeln
der Stadt. Die ältesten archäologischen
Funde stammen aus dem 6. Jahrhundert.
Hier lebte die königliche Familie, bis
sie im 16. Jahrhundert in den Palast von
Ribeira umzog.

260 ASSEMBLEIA DA REPÚBLICA

Palácio de São Bento
Lapa ③
+351 21 391 9000
www.parlamento.pt

Die portugiesische Nationalversamm-
lung (Palast von São Bento) befindet sich
in einem ehemaligen Kloster aus dem
16. Jahrhundert. Es wurde in einen neoklassizistischen Palast umgewandelt und
kann heute besucht werden. Sie können
sogar an den Parlamentssitzungen teil-
nehmen.

259 CASTELO DE SÃO JORGE

5

STANDSEILBAHNEN
und VERTIKALLIFTE

---

261 ASCENSOR DA GLÓRIA
Calçada da Glória
Chiado ⑥

Die elektrische Standseilbahn Ascensor da Glória stammt aus dem Jahr 1885 und bietet eine 275 Meter lange Fahrt zwischen dem Garten von São Pedro de Alcântara und dem Platz von Restauradores. Sie ist ideal für Fußgänger, denen der 18-Grad-Hang zu anstrengend ist. Der Hang und die Standseilbahn selbst dienen den Graffiti-Künstlern der Stadt als urbane Leinwand.

262 ASCENSOR DA BICA
Rua da Bica de
Duarte Belo
Cais do Sodré ⑥

Die Bica-Standseilbahn ist die malerischste in Lissabon. Die Fahrt führt die Menschen die viel fotografierte Rua da Bica de Duarte Belo entlang, von der Rua da São Paulo bis zur Calçada do Combro und nach Chiado. In dem Gebäude, von dem aus die Standseilbahn abfährt, wurde ein Hotel eröffnet. Nachts fährt sie nicht, dann öffnen die Bars der Straße ihre Türen, und die Atmosphäre wird wahrhaft magisch.

263 ELEVADOR DE SANTA JUSTA

Rua Áurea
Chiado ⑥
+351 21 413 8679

Dieser grandiose, 45 Meter lange neu-gotische Vertikallift wurde gebaut, um Menschen von der Innenstadt nach Chiado und wieder zurück zu bringen. Viele schreiben ihn Gustave Eiffel zu, aber der Vater des Eiffelturms hat ihn nicht entworfen. Ganz oben befindet sich eine Terrasse mit einem atemberau-benden 360-Grad-Blick auf die Altstadt. Achten Sie auf Taschendiebe, wenn Sie die Wendeltreppe hinaufgehen.

264 CHÃO DO LOUREIRO UND CASTELO

Mercado do Chão
do Loureiro
Baixa ⑥

Diese beiden Vertikallifte machen den Spaziergang von der Innenstadt zum Schloss etwas weniger anstrengend. Der erste Aufzug fährt von einem Gebäude in der Rua dos Fanqueiros (170/178) ab und bis in die Rua da Madalena. Nur 100 Me-ter weiter befindet sich ein weiterer Auf-zug, der die Fahrgäste auf die Höhe der Costa-do-Castelo-Straße befördert.

265 ASCENSOR DO LAVRA

Calçada do Lavra
Av. da Liberdade ④
+351 21 413 8681

Dies war die erste Standseilbahn der Stadt. 1884 fing sie an, Passagiere von der Avenida da Liberdade in die Calçada do Lavra zu befördern, ein Jahr vor der Inbetriebnahme der Glória-Standseil-bahn. Ebenso wie die anderen tradi-tionellen Standseilbahnen und Lifte in Lissabon, gehört sie zu den National-denkmalen der Stadt.

50 ORTE, UM LISSABON ZU ERLEBEN

Die 5 besten

AUSSICHTEN IN LISSABON

---

266 JARDIM AMÁLIA RODRIGUES
Alameda Cardeal Cerejeira
Parque Eduardo VII ④

Jardim Amália Rodrigues könnte der höchste natürliche Aussichtspunkt in Lissabon sein. Vom Garten aus überblickt man die gesamte Stadt – ein unverbaubarer Blick auf den Eduardo-VII-Park, den Marquês-de-Pombal-Platz und die Avenida da Liberdade. Bei klarem Wetter kann man bis zu den Arrábida-Bergen und Palmela sehen.

267 MIRADOURO DE SÃO PEDRO DE ALCÂNTARA
Rua São Pedro de Alcântara
Chiado ⑥

Der Garten De São Pedro Alcântara hat die beste Lage in der Stadt. Er befindet sich dort, wo Chiado, Príncipe Real und Bairro Alto zusammentreffen. Von hier aus bietet sich ein 180-Grad-Panorama über die Innenstadt, das Schloss, den Graça-Hügel und den Fluss. Es gibt zwei Ebenen, die obere mit Bäumen und einem Kiosk und die untere mit schönen französischen Gärten.

268 ARCO DA RUA AUGUSTA

267 MIRADOURO DE SÃO PEDRO DE ALCÂNTARA

268 ARCO DA RUA AUGUSTA

Rua Augusta 2
Baixa ⑥

Der Triumphbogen am Anfang der Rua Augusta wurde 1875 erbaut, um als Tor zur Stadt zu dienen, wenn man sich ihr vom Fluss aus nähert. Der Bogen hat eine Terrasse, die man mit dem Aufzug erreichen und von der aus man einen der einzigartigsten 360-Grad-Blicke von Lissabon genießen kann.

269 SANTA CATARINA

Largo de Santa Catarina
Santa Catarina ⑤

Der Aussichtspunkt Santa Catarina befindet sich im gleichnamigen, charmanten Viertel, umgeben von Palästen und Luxusapartments. Er ist ein sehr entspannter Ort. Man trifft hier immer Straßenmusiker und Künstler, Jugendliche, die zusammen etwas trinken, und Leute, die den weiten Blick auf den Fluss genießen. Es gibt ein paar coole Kioske und Bars in der Nähe.

270 PORTAS DO SOL

Largo Portas do Sol
Alfama ⑦

Der Name dieses Aussichtspunkts bedeutet so viel wie »Sonnentüren«, und das hat seinen Grund: Es ist der beste Ort in der Stadt, um den Sonnenaufgang zu beobachten. Der herrliche Panoramablick erstreckt sich über das gesamte Alfama-Viertel mit seinen traditionellen ziegelfarbenen Dächern, das Kloster Saint Vincent und den Fluss. Nehmen Sie am Kiosk oder im Terrassencafé Platz und genießen Sie die Kulisse.

5 Orte, um die GESCHICHTE VON LISSABON ZU VERSTEHEN

271 BAIXA POMBALINA

Baixa ⑥

Die Innenstadt von Lissabon (Baixa) wurde nach dem Erdbeben von 1755 vollständig wieder aufgebaut. Der damalige Premierminister, der Marquis von Pombal, gestaltete die Stadt neu, um sie auf die Zukunft vorzubereiten, mit breiteren Alleen, von denen einige nur für Fußgänger bestimmt waren.

272 LISBON STORY CENTER

Terreiro do
Paço 78–81
Baixa ⑥
+351 21 194 1099
www.lisboastory
centre.pt

Dieses Themenmuseum wurde vor einigen Jahren im Ostflügel des Terreiro do Paço (S. 186) eröffnet. Das multimediale und -sensorische Erlebnis erzählt die Geschichte der Stadt und ihrer wichtigsten Veranstaltungen und Persönlichkeiten. Es gibt einen Souvenirladen, der Andenken verkauft.

273 LARGO DO CARMO

Largo do Carmo
Chiado ⑥

Hier befinden sich die Ruinen des Carmo-Klosters (S. 129), und genau hier begann die friedliche Nelkenrevolution 1974, als das Militär das Polizeihauptquartier umstellte, in dem der Premierminister Zuflucht gesucht hatte, bevor er zum Rücktritt gezwungen wurde.

274 MUSEU DA CIDADE
Campo Grande 245
Avenidas Novas ⑧
+351 21 751 3200
www.museudelisboa.pt

Das Museum verfolgt einen originellen Ansatz in der Museologie, indem es ein vielschichtiges Museum mit fünf Ausstellungsorten ist: Palácio Pimenta, Teatro Romano, Santo António, Torreão Poente und Casa dos Bicos. Alle zusammen erzählen die Geschichte der schicksalhaften Vergangenheit der Stadt.

275 PALÁCIO DE BELÉM
Palácio de Belém
Calçada da Ajuda
Belém ②
+351 21 361 4600
www.presidencia.pt

Der offizielle Wohnsitz des portugiesischen Präsidenten diente ironischerweise zu einem bestimmten Zeitpunkt als königliche Residenz. Zu den Sehenswürdigkeiten gehören die wunderschön angelegten Gärten und das Präsidentschaftsmuseum, das die Geschichte der portugiesischen Republik durch seine Präsidenten erzählt.

271 BAIXA POMBALINA

5 der besten Orte, um den
FLUSS
ZU GENIESSEN

---

276 CAIS DO GINJAL
Rua do Ginjal
Cacilhas
Almada ⓘ

Cais do Ginjal liegt auf der anderen Seite des Flusses und ist mit der Fähre von Cais do Sodré nach Cacilhas erreichbar. Die Fahrt über den Fluss ist für sich schon ein großartiges Erlebnis, aber das Tüpfelchen auf dem i ist ein Spaziergang entlang des Flusses mit Lissabon als Kulisse. Es gibt einige Restaurants an der Strandpromenade, die eine Terrasse mit wunderbarer Aussicht bieten.

277 PASSEIO DAS DOCAS
Doca de Santo
Amaro
Alcântara ⓘ
+351 21 392 2011

Die lebhaften Lissabonner Docks, die sich direkt unter der Brücke befinden, sind im Grunde genommen eine Reihe umgebauter Lagerhallen, die heute eine Vielzahl von Restaurants, Cafés und Nachtclubs beherbergen. Hier ist rund um die Uhr etwas los. Der Jachthafen davor ist ein angenehmer Ort, und es gibt auch mehrere Padel-Tennisplätze.

278 PARQUE DO TEJO

Parque das Nações
Parque das Nações ⑲
www.portaldas
nacoes.pt

Dieser Park am Wasser ist beliebt bei den Bewohnern des östlichen Lissabon, die an den Wochenenden dort spazieren gehen, joggen oder radeln, während sie die Aussicht auf die Vasco-da-Gama-Brücke und den Turm genießen. Wenn Sie ein Fernglas mitbringen, können Sie Wasservögel und sogar Flamingos beobachten, die sich in bestimmten Monaten in der Tejo-Mündung aufhalten.

279 BELÉM

Belém ②

Die Promenade zwischen der Ponte 25 da Abril und Belém ist ein beliebtes Ausflugsziel für Einheimische, die dort joggen, Rad fahren, angeln, spazieren gehen oder einfach nur die Aussicht auf den Fluss mit ihren Lieben genießen. Entlang der Promenade gibt es mehrere Rasenflächen und Terrassen, auf denen Sie sich entspannen können, während Sie die Kulisse betrachten.

280 RIBEIRA DAS NAUS

Ribeira das Naus
Baixa ⑥

Diese Promenade verbindet den Platz Terreiro do Paço (S. 186) mit Cais do Sodré (S. 228). Sie wurde im Jahr 2013 eröffnet und ist der schönste Ort, um den Fluss im alten Lissabon zu genießen. Das Gebiet war im Zeitalter der Entdeckungen eine Marinewerft, von hier aus fuhren Schiffe in die portugiesischen Länder in Übersee. An wärmeren Tagen liegen Hunderte von Menschen auf dem Rasen und sonnen sich.

VERSTECKTE KIRCHEN

281 ERMIDA DE BELÉM

Travessa do Marta Pinto 21
Belém ②
+351 21 363 7700
www.travessa
daermida.com

Diese winzige ehemalige Kapelle aus dem 18. Jahrhundert ist wirklich ein verborgener Geheimtipp. Sie beherbergt eine innovative Kulturinitiative mit einem Ausstellungsraum für zeitgenössische Kunst und Design, eine Weinbar und eine Schmuckwerkstatt.

282 CAPELA DE SANTO AMARO

Calçada de Santo Amaro
Alcântara ①

Diese unscheinbare Kapelle auf dem Hügel Santo Amaro ist ein nationales Denkmal und deshalb unbedingt einen Besuch wert. Sie stammt aus dem Jahr 1549 und hat eine sehr originelle runde Form. Herausragend sind die azulejos (glasierte Fliesen) und die Aussicht.

283 CAPELA DA ORDEM TERCEIRA DO CARMO

Largo do Carmo
Rua Oliveira do Carmo 4
Chiado ⑥
+351 21 342 1790
www.ordem-do-carmo.pt

Sie könnten tagtäglich am Platz von Carmo vorbeigehen, ohne diese wunderschöne Kapelle zu bemerken, die sich im ersten Stock des Gebäudes versteckt, in dem sich der Orden von Carmo befindet. Treten Sie einfach ein, gehen Sie die Steintreppe hinauf und lassen Sie sich von dem kunstvoll vergoldeten Altarbild beeindrucken.

284 IGREJA DA CONCEIÇÃO VELHA

Rua da
Alfândega 108
Baixa ⑥
+351 21 887 0202

Die Kirche von Conceição Velha (ebenfalls ein nationales Denkmal) wurde 1496 auf den Ruinen der jüdischen Synagoge erbaut, die einst dort stand, während des Erdbebens im Jahr 1755 zerstört, aber mit Teilen anderer Kirchen wieder aufgebaut, was ihre anachronistische Fassade im manuelinischen Stil erklärt. Im Inneren befindet sich eine wertvolle Sammlung religiöser Gemälde.

285 ERMIDA DO RESTELO

Jardim Ducla Soares
Belém ②

Die Ermida do Restelo (ein Nationaldenkmal) steht hoch über dem Belém-Viertel mit Blick auf die Allee, die zum Turm von Belém führt. Sie stammt aus dem 15. Jahrhundert und soll Vasco da Gama und seine Männer zu einer Nacht der Gebete empfangen haben, bevor sie 1497 zu ihrer Expedition in den Orient aufbrachen.

Die 5 besten

STRASSENBAHN-, BUS- UND BOOTSFAHRTEN

---

286 TRAFARIA PRAIA

Joana Vasconcelos, Portugals führende zeitgenössische Künstlerin, schuf Trafaria Praia für die Biennale in Venedig als allegorische Mischung aus dem berühmten Lissaboner Fährschiff, dem *cacilheiro,* und dem venezianischen Vaporetto. Das schwimmende Kunstwerk ist jetzt in Lissabon angedockt und steht für Besuche und Flusskreuzfahrten offen.

287 CACILHEIRO

Cacilheiros sind die Boote, die die beiden Ufer des Tejo miteinander verbinden. Ursprünglich verbanden sie Lissabon mit Cacilhas, aber heute gibt es mehr Routen. Die Fahrt ist phänomenal.

288 STRASSENBAHN-LINIE 28

Eine Fahrt mit der Straßenbahnlinie 28 (insgesamt sieben Kilometer) ist ein Muss. Die Straßenbahn bringt die Fahrgäste von Campo de Ourique (S. 153) zum Martim Moniz (S. 39), von wo aus sie die Hügel hinauf und hinunter fahren und an den wichtigsten Sehenswürdigkeiten der Stadt vorbeifahren. Vorsicht vor Taschendiebstählen in der Straßenbahn.

289 CORK TRAM

Genießen Sie eine Fahrt mit einer der beiden Straßenbahnen, die vollständig wiederhergestellt und mit Kork ausgekleidet wurden, einem für die portugiesische Wirtschaft sehr wichtigen Produkt. Die Straßenbahn »Eletri'Cork« fährt im historischen Zentrum, vom Figueira-Platz bis zum Castelo de São Jorge.

290 HIPPOTRIP

www.hippotrip.com

Mit HIPPOtrip Bus/Boot besichtigt man Lissabon auf unkonventionelle und abenteuerliche Art. An Bord von amphibischen Fahrzeugen geht es auf eine 90-minütige Reise durch die Stadt – an Land und zu Wasser. Während der Tour unterhalten die lebhaften Animateure die Passagiere und erzählen historische Fakten und Geschichten über die Orte, an denen sie vorbeikommen.

288 STRASSENBAHNLINIE 28

5 tolle
STADTVIERTEL

291 CAMPO DE OURIQUE
Campo de Ourique ③

Dieses Wohn- und Geschäftsviertel ist ein beliebtes Ziel der Einheimischen. Sie gehen dorthin, um Lebensmittel oder Kinderkleidung einzukaufen und um die vielen Restaurants zu genießen. Es liegt etwas abseits der wichtigsten Touristenattraktionen der Stadt, aber es ist die letzte Haltestelle der Straßenbahnlinie 28 (S. 151) – ein Grund mehr, dorthin zu fahren und das wahre Lissabon zu erleben.

292 PRÍNCIPE REAL
Príncipe Real ⑤

Dieses bezaubernde Viertel grenzt an den nördlichen Teil von Bairro Alto und hat sich im Laufe der letzten zehn Jahre zum beliebtesten Ziel für moderne Einkaufsmöglichkeiten und coole Restaurants entwickelt. Es bietet eine perfekte Mischung aus öffentlichen und privaten Gebäuden und einigen Büros, angenehme Gärten und eine gehobene Atmosphäre.

293 CHIADO
Chiado ⑥

Seit mehr als 150 Jahren ist dies der kultivierteste Stadtteil von Lissabon, in dem einheimische Trendsetter einkaufen, Kultur, Unterhaltung und Essen suchen. Viele Gebäude in Chiado wurden bei einem Großbrand in den 1990er-Jahren schwer beschädigt und unter der Leitung des preisgekrönten Architekten Álvaro Siza Vieira (S. 247) umfassend restauriert.

294 ALFAMA
Alfama ⑦

Alfama ist vielleicht das älteste Viertel von Lissabon (das zweitälteste Viertel Europas), das aus den frühesten Siedlungen der Stadt stammt. Es hat die Atmosphäre eines ländlichen Dorfes in der Stadt: malerisch, traditionell, schäbig und mit einem gewissen mittelalterlichen Flair. Es ist ein Ort, den man zu Fuß entdecken kann, dessen Labyrinth der Straßen, Plätze und Gassen einen verzaubert.

295 BAIRRO ALTO
Bairro Alto ⑥

Bairro Alto (»Hohes Viertel«), seit jeher das Ausgehviertel von Lissabon, ist ein grooviges Viertel mit vielen Restaurants und Bars. Tagsüber verläuft das Leben hier langsamer, es gibt viele kleine Hipster-Boutiquen und -Geschäfte, Kunstgalerien und Cafés, die sowohl ältere als auch jüngere Bewohner anziehen.

5 der besten

PARKS UND GÄRTEN

296 JARDIM BOTÂNICO TROPICAL

Largo dos Jerónimos Belém ②

Dieses Juwel eines Gartens in Belém wurde Anfang des 20. Jahrhunderts als botanisches Schaufenster der Wunder der ehemaligen portugiesischen Kolonien in Afrika und Asien geschaffen (hier wurden über 4000 Arten gepflanzt), mit besonderem Schwerpunkt auf Macau-Pflanzen. Es ist ein herrlicher Rückzugsort in der Stadt, ideal für einen gemütlichen Spaziergang in der Natur.

297 JARDIM BOTÂNICO DE LISBOA

Rua da Escola Politécnica 54 Príncipe Real ⑤ +351 21 392 1800 *www.museus.ulisboa.pt/ jardim-botanico*

Versteckt hinter dem Naturkundemuseum (S. 169) liegt dieser wunderschöne, vier Hektar große Garten, der von den Spaziergängern von Príncipe Real leicht übersehen werden kann. Seine Blütezeit, zu der er als einer der besten in Europa galt, ist schon lange vorbei, und jetzt ist der Garten etwas heruntergekommen, aber er hat ein schönes und ziemlich mystisches Ambiente.

296 JARDIM BOTÂNICO TROPICAL

298 JARDIM BOTÂNICO DA AJUDA

Calçada da Ajuda
Belém ②
+351 21 362 2503
*www.jardimbotanico
dajuda.com*

Dieser wunderschön gepflegte Garten wurde 1768 als Teil des angrenzenden königlichen Palastes von Ajuda angelegt und war der erste botanische Garten der Stadt. Am bemerkenswertesten sind die französischen Buchsgärten, die exotischen Baumarten (die meisten stammen aus den ehemaligen Kolonien Portugals) und ein zarter Rokoko-Brunnen.

299 JARDIM GULBENKIAN

Av. de Berna 45A
Avenidas Novas ⑧
+351 217 82 3000
*www.gulbenkian.pt/
Jardins*

Dies ist das beste Beispiel für eine modernistische Landschaftsgestaltung in Lissabon. Der Garten, der in den 1960er-Jahren vom führenden portugiesischen Landschaftsarchitekten Gonçalo Ribeiro Telles entworfen wurde, erstreckt sich über einen ganzen Stadtteil und ist voller versteckter Ecken und Mikrolandschaften, in denen sich die Besucher vom Lärm der Stadt befreien können.

300 JARDIM DA ESTRELA

Praça da Estrela
Estrela ③
+351 21 397 4818
*jardimdaestrela.
no.sapo.pt*

Gegenüber der Basílica da Estrela bietet dieser Garten eine schöne und ruhige Atmosphäre, ideal zum Entspannen, Joggen oder Picknicken. Es gibt einen großen Kinderspielplatz (S. 208), ein paar Kioske, einen Teich und einen atemberaubenden Musikpavillon aus dem 19. Jahrhundert.

5
KLEINE PLÄTZE

301 PRAÇA DAS AMOREIRAS
Praça das Amoreiras
Amoreiras ④

Auch wenn der kleine Platz mitten im Zentrum der Stadt liegt, ist das Ambiente fast ländlich. Der Garten, der den Platz einnimmt, ist von Bäumen gesäumt und verfügt über einen lebhaften Kiosk und ein Kunstmuseum.

302 LARGO DO CARMO
Chiado ⑥

Der Carmo-Platz ist der ruhigste Ort in Chiado, weit weg von den belebten Straßen dieses eleganten Viertels. Es gibt Restaurants mit Außenterrassen, einen Kiosk, ein Museum und eine Kirche. Hier befindet sich auch der Eingang zum Aufzug von Santa Justa (S. 139) und zum Aussichtspunkt der Carmo-Terrassen.

303 LARGO DE SÃO PAULO
Largo de São Paulo
Cais do Sodré ⑥

Dieser Platz im Pariser Stil war viele Jahrzehnte lang ein heruntergekommenes Gebiet, in dem man sich nachts wirklich nicht wohl fühlen konnte angesichts der vielen illegalen Aktivitäten, die dort stattfanden. Nun hat sich alles geändert und der Platz und die angrenzenden Straßen sind das Herzstück des Nachtlebens von Lissabon.

304 LARGO DE SÃO MIGUEL

Largo de São Miguel
Alfama ⑦

Auf diesem geschlossenen Platz befindet sich die imposante Kirche von São Miguel. Hier finden Sie auch viele Fado-Restaurants, die einen lebendigen Soundtrack zum täglichen Leben der Bewohner und Besucher des Platzes liefern.

305 LARGO DA PARADA

Rua 4 de Infantaria
Campo de Ourique ③

Largo da Parada liegt in einem ruhigen Stadtteil in einem Viertel, das von den Einheimischen wegen seiner Einkaufsmöglichkeiten und seiner familiären Atmosphäre geschätzt wird. Es ist ein schöner Ort, um den Einheimischen bei ihrem täglichen Leben zuzuschauen.

303 LARGO DE SÃO PAULO

Die 5

FRIEDLICHSTEN ORTE

---

306 TAPADA DAS NECESSIDADES
Largo Necessidades 58
Lapa ③

Der Garten des Außenministeriums ist wirklich ein verborgenes Juwel. Er ist für Besucher geöffnet, aber oft völlig menschenleer, auch am Wochenende. Ein bezaubernder Park, um die Natur zu genießen oder sich im Schatten exotischer Bäume auszuruhen.

307 TAPADA DA AJUDA
Tapada da Ajuda
Ajuda ①
+351 21 365 3100

Dieses große, staatseigene Anwesen ist Teil der Landwirtschaftsschule und wird von den Schülern im Rahmen ihrer Ausbildung zum Anbau von Nutzpflanzen genutzt. Es gibt überraschende Aussichtspunkte, an denen man den Fluss genießen kann.

308 PARQUE FLORESTAL DE MONSANTO
Monsanto ①

Dieser riesige Stadtwald dient der Stadt als grüne Lunge. Es ist ein Ort, an dem die Einheimischen die Natur genießen, spazieren gehen oder auf den von Pinien gesäumten Wegen joggen. Hier gibt es zahlreiche Freizeit- und Sportanlagen, darunter einen Tennisclub, Rugby- und Fußballfelder, Kinderspielplätze und viele Picknickplätze.

309 JARDIM DO TOREL

Rua Julio de Andrade
Av. da Liberdade ④

Eingebettet hoch über der Avenida da Liberdade (mit der Lavra-Standseilbahn erreichbar) und mit Blick auf die Westseite der Stadt, bleibt der Torel-Garten auch für Einheimische ein verborgener Schatz. Der Garten verfügt über ein gemütliches Terrassencafé, und im August installiert die Gemeinde einen großen Pool, der Torel-Strand genannt wird.

310 MUSEU DO TEATRO E TRAJE

Largo Júlio Castilho
Lumiar ⑧
+351 21 756 7620
www.museudotraje.pt

Dieses unerwartete Museumsduo teilt sich einen kleinen, abgeschiedenen botanischen Garten aus dem 19. Jahrhundert. Die Besucher lieben die friedliche Atmosphäre und die vielen interessanten Pflanzenarten. Es ist ein bisschen weit vom Zentrum entfernt, aber der Umweg lohnt sich allemal.

306 TAPADA DAS NECESSIDADES

5
INTERESSANTE FRIEDHÖFE

311 CEMITÉRIO DE ANIMAIS DE ESTIMAÇÃO
Jardim Zoológico
Sete Rios ④

Dieser Tierfriedhof liegt auf einem terrassenförmig angelegten Hügel im Zoo (S. 202) und stammt aus den 1940er-Jahren. Heutzutage gibt es hier keine neuen Gräber mehr, aber es ist interessant, die Gräber zu sehen, die die Besitzer für ihre geliebten (vierbeinigen) Tiere angefertigt haben. Einige sind aus Marmor, andere mit traditionellen portugiesischen Fliesen verziert.

312 CEMITÉRIO DOS PRAZERES
Praça São João Bosco
Campo de Ourique ③

Der Friedhof von Prazeres, der sich in Campo de Ourique an der letzten Haltestelle der Straßenbahnlinie 28 (S. 151) befindet, wurde Anfang des 19. Jahrhunderts angelegt, um die vielen Opfer einer Choleraepidemie zu begraben. Später wurde er zum bevorzugten Begräbnisort der reichsten Familien von Lissabon, die sehr kunstvolle und prächtige Gräber und Mausoleen bauten.

313 CEMITÉRIO DO ALTO DE SÃO JOÃO

Parada Alto de São João

Alto de São João ⑨

Der Anfang des 9. Jahrhunderts errichtete Friedhof erstreckt sich über ein weitläufiges Areal mit Blick auf den Stadtteil Madredeus und wurde für die verstorbenen Bewohner des östlichen Lissabon geschaffen. Er hat viele Wege, die mit prächtigen Mausoleen gefüllt sind, die den Reichtum seiner Bewohner zeigen. Hier wurde der portugiesische Nobelpreisträger José Saramago begraben.

314 CEMITÉRIO DOS INGLESES

Avenida de Álvares Cabral

Estrela ③

Der 1654 unterzeichnete Vertrag zwischen Lord Cromwell und König João IV. legt fest, dass englische Männer und Frauen, die in Portugal leben, eine Parzelle »für die Beerdigung ihrer Toten« haben sollten. Die antianglikanische Inquisition war dagegen, daher wurde der Friedhof St. Georg, der Britische Friedhof, erst 1717 erbaut.

315 CEMITÉRIO ALEMÃO

Rua do Patrocínio 59

Campo de Ourique ③

Die ersten Berichte über die Bestattung von Deutschen in Lissabon stammen aus dem Jahr 1147, als während des Zweiten Kreuzzugs deutsche Ritter in der Belagerung von Lissabon kämpften und hier ums Leben kamen. 1821 schenkte ein wohlhabender deutscher Geschäftsmann der deutschen Gemeinde im Stadtteil Campo de Ourique ein Grundstück. Der Deutsche Evangelische Friedhof kann nach Vereinbarung besichtigt werden.

75 ORTE FÜR DEN KULTURGENUSS

———

Die 5 besten
KLEINEN MUSEEN

---

316 MUSEU GEOLÓGICO
Rua da Academia das Ciências 19, 2°
Príncipe Real ⑤
+351 21 346 3915
www.lneg.pt/ museugeologico

Dieses versteckte Museum in einer ruhigen Straße in Príncipe Real beherbergt eine hervorragende Sammlung von Fossilien und Gesteinen mit einer bemerkenswerten Ausstellung von Mineralien aus Portugal und dem Ausland. Die Verwendung von historischen Ausstellungsmöbeln macht es auch zu einem »Museum der Museen«, in dem Sie nicht nur von der Sammlung begeistert sein werden.

317 MUSEU BORDALO PINHEIRO
Campo Grande 382
Avenidas Novas ⑧
+351 21 817 0667
www.museubordalo pinheiro.cm-lisboa.pt

Bordallo Pinheiro war eine der bemerkenswertesten Persönlichkeiten der portugiesischen Kulturszene des 19. Jahrhunderts. Er arbeitete in verschiedenen künstlerischen Bereichen, von der bildenden Kunst bis zur Grafik, von der dekorativen Kunst bis zur Keramik – Letzteres ist der Bereich, in dem er die meisten Auszeichnungen erhielt. Das Museum zeigt eine große Auswahl seiner Werke.

318 MUSEU FUNDAÇÃO MEDEIROS E ALMEIDA

Rua Rosa Araújo 41
Av. da Liberdade ④
+351 21 354 7892
www.casa-museu
medeirosealmeida.pt

Der ehemalige Palast von António de Medeiros e Almeida (ein reicher Geschäftsmann) beherbergt heute die wertvolle Sammlung des Gründers mit Gemälden, chinesischem Porzellan, antiken Uhren und französischen Möbeln. Unter den vielen wertvollen Stücken befinden sich Gemälde von Rembrandt, Rubens und Tiepolo.

319 MUSEU DE ETNOLOGIA

Avenida Ilha da Madeira
Belém ②
+351 21 304 1160
www.mnetnologia.
wordpress.com

Das Nationale Völkerkundemuseum ist der Aufbewahrungsort der nationalen Sammlungen afrikanischer, asiatischer und südamerikanischer Stammeskunst, die im Laufe der Jahrhunderte entstanden sind, in denen die Portugiesen Kolonien auf diesen Kontinenten hatten. Das Museum zeigt auch Artefakte, die die Kultur und den Lebensstil der ländlichen Gebiete Portugals veranschaulichen.

320 MUSEU DE HISTÓRIA NATURAL

Rua da Escola
Politécnica 56–58
Príncipe Real ⑤
+351 21 392 1800
www.museus.ulisboa.pt

Das Nationale Naturkundemuseum ist die bedeutendste kulturelle Einrichtung des Landes, die sich der Erforschung der Natur widmet. Die umfangreichen Sammlungen, die in über 300 Jahren aufgebaut wurden, umfassen die Bereiche Geologie, Anthropologie und Botanik. Zum Museumskomplex gehört auch der Botanische Garten (S. 155) der Stadt.

Die 5 besten MODERNEN UND ZEITGENÖSSISCHEN KUNSTMUSEEN

---

321 **MUSEU NACIONAL DE ARTE CONTEMPORÂNEO DO CHIADO**
Rua Serpa Pinto 4
Chiado ⑥
+351 21 343 2148
www.museu artecontemporanea.pt

Dieses abgeschiedene Museum in Chiado verfügt über eine sehr repräsentative Sammlung moderner und zeitgenössischer portugiesischer Kunst vom Ende des 19. Jahrhunderts bis heute mit bedeutenden Werken von Künstlern wie Amadeo de Souza-Cardoso, Columbano Bordalo Pinheiro, Almada Negreiros, Silva Porto, Mario Cesariny und Paula Rego.

322 **CENTRO DE ARTE MODERNA**
Rua Dr. Nicolau de Bettencourt
Avenidas Novas ⑧
+351 21 782 3474
www.cam. gulbenkian.pt

Als Teil der wunderbaren Calouste-Gulbenkian-Stiftung zeigt das Zentrum für moderne Kunst eine ständige Sammlung portugiesischer und internationaler Kunst, darunter Werke von Lourdes Castro, Amadeo de Souza-Cardoso, Paula Rego und David Hockney. Die Gärten rund um das Museum sind eine Oase der Ruhe in der Stadt.

323 MUSEU COLEÇÃO BERARDO

323 MUSEU COLEÇÃO BERARDO

Praça do Império
Belém ②
+351 21 361 2878
www.museuberardo.pt

Im Laufe der Jahre hat der umstrittene Geschäftsmann Joe Berardo eine beeindruckende Sammlung moderner und zeitgenössischer Kunst aufgebaut und im Centro Cultural de Belém (CCB) aufbewahrt. Das Museu Berardo ist Teil des CCB und darin untergebracht. Es zeigt Werke von Joana Vasconcelos, Miró, Warhol, Picasso, Schnabel und Basquiat, regelmäßig finden bemerkenswerte Wechselausstellungen statt.

324 MUSEU VIEIRA DA SILVA-ARPAD SZENES

Praça das
Amoreiras 56
Amoreiras ④
+351 21 388 0044
www.fasvs.pt

Eine ehemalige königliche Seidenfabrik im bezaubernden Garten von Amoreiras (S. 208) beherbergt heute ein kleines Museum, das der größten portugiesischen Künstlerin des 20. Jahrhunderts, Vieira da Silva, und ihrem Mann Arpad Szenes gewidmet ist. Das Museum beherbergt interessante Wechselausstellungen und kulturelle Initiativen.

325 ATELIER MUSEU JÚLIO POMAR

Rua do Vale 7
Príncipe Real ⑤
+351 21 588 0793
*www.ateliermuseu
juliopomar.pt*

Dieses kleine und sehr unbekannte Museum ist einzig und allein der Erhaltung und Förderung des Werkes von Júlio Pomar gewidmet, einem der bedeutendsten portugiesischen Künstler des 20. Jahrhunderts. Es ist in einem ehemaligen Lagerhaus untergebracht, das vom Architekten Siza Vieira (S. 247) umgestaltet wurde, und beherbergt eine beeindruckende Anzahl von Pomars Werken.

Die 5 inspirierendsten
KULTURSTÄTTEN

326 **CCB**
   Praça do Império
   Belém ②
   +351 21 361 2400
   www.ccb.pt

Dieses große Mehrzweckzentrum beherbergt eine Reihe von Kulturstätten, darunter den größten Konzertsaal von Lissabon, ein Museum für zeitgenössische Kunst, ein Konferenzzentrum, ein Café und ein Restaurant sowie eine Reihe von Kunstgalerien und Geschäften. Hier finden regelmäßig Theater- und Ballettvorstellungen von Weltrang und viele Konzerte statt.

327 **TEATRO NACIONAL D. MARIA II**
   Praça Dom Pedro IV
   Baixa ⑥
   +351 21 325 0800
   www.teatro-dmaria.pt

Die imposante Fassade des neoklassizistischen Nationaltheaters Dona Maria II. steht auf dem Rossio-Platz, im Herzen der Stadt. Im Inneren des prächtigen Gebäudes befinden sich zwei Theatersäle, von denen aus die Nationale Theatergesellschaft operiert und in denen hauptsächlich klassische Stücke von portugiesischen und internationalen Autoren aufgeführt werden.

328 TEATRO NACIONAL DE SÃO CARLOS

Rua Serpa Pinto 9
Chiado ⑥
+351 21 325 3000
www.tnsc.pt

Das Nationaltheater von São Carlos wurde nach dem Erdbeben von 1755 erbaut, das das frühere Opernhaus, zu jener Zeit das größte in Europa, zerstörte. Das neue Gebäude wurde so konzipiert, dass es das Äußere der Mailänder Scala und die Innenräume des San Carlo in Neapel widerspiegelt. Das Theater ist der Sitz der Nationalen Operngesellschaft. Während der Sommermonate findet hier ein großartiges Open-Air-Festival statt, das Festival ao Largo (S. 225).

329 FUNDAÇÃO GULBENKIAN

Av. de Berna 45A
Avenidas Novas ⑧
+351 21 782 3000
www.gulbenkian.pt

Nach seinem Tod schenkte Calouste Gulbenkian, einer der reichsten Männer seiner Zeit, seine gesamte Kunstsammlung und seinen ganzen Reichtum einer Stiftung, die seinen Namen trägt und die dann zur wichtigsten privaten Kulturinstitution des Landes wurde. Die Gulbenkian-Stiftung verfügt über ein Museum von Weltrang, ein Auditorium und ein eigenes Orchester.

330 TEATRO SÃO LUIZ

Rua António Maria Cardoso 38
Chiado ⑥
+351 21 325 7640
www.teatrosaoluiz.pt

Gegenüber dem Nationaltheater von São Carlos liegt dieses andere Theater, das von der Gemeinde verwaltet wird. Auf dem Programm stehen Stücke überwiegend portugiesischer Dramatiker, wobei der Schwerpunkt auf der Arbeit alternativer Theatergruppen und junger Nachwuchskünstler liegt.

Die 5 besten
KUNSTGALERIEN

---

331 CRISTINA GUERRA
Rua Santo António
à Estrela 33
Estrela ③
+351 21 395 9559
www.cristina
guerra.com

Die 2001 eröffnete Galerie, die von Portugals internationalster Kunstgaleristin Cristina Guerra geleitet wird, vertritt mehrere führende zeitgenössische portugiesische Künstler (João Louro, Julião Sarmento) sowie einige der gefragtesten internationalen Namen wie John Baldessari und Erwin Wurm.

332 FILOMENA SOARES
R. da Manutenção 80
Beato ⑨
+351 21 862 4122
www.gfilomena
soares.com

Als regelmäßiger Gast auf den besten Kunstmessen der Welt widmet sich die Kunstgalerie Filomena Soares ausschließlich der zeitgenössischen Kunst und zeigt regelmäßig Ausstellungen der bekannten portugiesischen und internationalen Künstler, die sie vertritt. Die Galerie befindet sich im aufstrebenden Stadtteil Beato.

333 BAGINSKI

**Rua Capitão
Leitão 51–53
Beato** ⑨
+351 21 397 0719
www.baginski.com.pt

Die Galerie von Andréa Baginski Champalimaud repräsentiert alle Arten von zeitgenössischen künstlerischen Praktiken. In einem ehemaligen Lagerhaus in Beato werden die Arbeiten etablierter und aufstrebender Künstler mit besonderem Fokus auf Europa, Afrika und Lateinamerika gezeigt.

334 VERA CORTÊS

**Rua João Saraiva 16, 1°
Avenidas Novas** ⑧
+351 21 395 0177
www.veracortes.com

Vera Cortês Kunstagentur zog von Santos in einen größeren Raum in Avenidas Novas, wo sie zeitgenössische Künstler wie Alexandre Farto (alias Vhils), Daniel Blaufuks und Gabriela Albergaria vertritt. Vera Cortês weist eine umfangreiche Erfolgsgeschichte in Portugal auf und verfügt über einen umfassenderen Ansatz als die meisten Galerien.

335 JOÃO ESTEVES DE OLIVEIRA

**Rua Ivens 38
Chiado** ⑥
+351 21 325 9940
www.jeogaleria.com

Dies ist ein weiterer Fall eines erfahrenen Kunstsammlers, der zum Galeristen wurde. João Esteves de Oliveira, ein ehemaliger Bankier, eröffnete im Jahr 2002 seine Galerie in Chiado und beschloss, sich ausschließlich auf Papierarbeiten moderner und zeitgenössischer portugiesischer Künstler zu konzentrieren. Es erübrigt sich zu sagen, dass seine Galerie einzigartig ist.

Die 5 faszinierendsten
STATUEN

---

336 MARQUÊS DE POMBAL
Praça do Marquês de Pombal
Av. da Liberdade ④

Diese Statue ist Lissabons Hommage an den findigen und unerbittlichen Marquis von Pombal, der zur Zeit des Erdbebens von 1755 Premierminister war und später die Erneuerung der Stadt leitete. Er steht 40 Meter hoch auf einem steinernen Sockel mit einem Löwen an seiner Seite.

337 D. PEDRO IV
Praça do Rossio
Baixa ⑥

Die imposante Bronzestatue des Königs Pedro IV. ist 27,5 Meter hoch und beherrscht den Rossio-Platz. Pedro war der 28. König von Portugal und auch der erste Kaiser von Brasilien, was ihn zu einer einzigartigen Figur in der portugiesischen Geschichte macht.

338 MATERNIDADE
Jardim Amália Rodrigues
Parque Eduardo VII ④

Dieses wertvolle öffentliche Kunstwerk des kolumbianischen Künstlers Fernando Botero, das die Mutterschaft darstellt, entstand 1989 und steht im Garten Amália Rodrigues, im Parque Eduardo VII. Es ist eine Bronzeskulptur und ein großartiges Beispiel für Boteros ikonischen künstlerischen Stil.

339 LISBOA
Praça 25 de Abril
Beato ⑨

Lisboa wurde von José de Guimarães, einem der führenden zeitgenössischen Künstler Portugals, als Ode an die Menschen, die Städte bauen, geschaffen. In Rot und Grün, den Farben der portugiesischen Flagge, zeigt die Statue eine weibliche Figur, die sich mit weit geöffneten Armen zum Fluss neigt.

340 D. JOSÉ I
Praça do Comércio
Baixa ⑥

Im Zentrum des Platzes Terreiro do Paço steht eine Reiterstatue von König José I., dem Monarchen zur Zeit des Erdbebens von 1755. Die Bronzestatue wurde vom Bildhauer Machado de Castro entworfen. Der König weigerte sich, für sie zu posieren, daher musste sich der Künstler ausschließlich auf Porträts verlassen.

340 D. JOSÉ I

5 besondere
GEMÄLDE IM MUSEUM FÜR ALTE KUNST

MUSEU NACIONAL DE ARTE ANTIGA
Rua das Janelas Verdes
Alcântara ①
+351 21 391 2800
www.museudearteantiga.pt

341 TENTAÇÕES DE SANTO ANTÃO

Dieses Triptychon von Hieronymus Bosch hat das gleiche Thema wie fast alle Arbeiten des Künstlers: die Versuchung und Einsamkeit des Gerechten gegenüber dem Bösen und dem Teuflischen. Diese Kräfte werden explizit in Form des Monströsen und Hybriden oder unter dem Deckmantel einer falschen und provokativen Schönheit dargestellt.

342 PAINÉIS DE SÃO VICENTE

Die Gemälde zeigen eine Gruppe von 58 Personen (die den Hof und verschiedene Gruppen der damaligen portugiesischen Gesellschaft repräsentieren), die sich in einem Akt der Verehrung versammelt haben, der sich an St. Vincent richtet, den Schutzpatron der militärischen Expansion des 15. Jahrhunderts in den Maghreb.

343 **SÃO JERÔNIMO**

Diese Darstellung des Heiligen Hieronymus von Dürer zeigt eine Neuerung in der Ikonografie und bildlichen Darstellung des Schutzpatrons der christlichen Humanisten. Der »Kirchenlehrer« wird durch das kraftvolle und synthetische Bild eines alten Weisen dargestellt, der melancholisch über den Tod und die Kontingenz des menschlichen Zustandes meditiert.

344 **SÃO AGOSTINHO**

Dieses Gemälde war Teil eines Polyptychons von Piero della Francesca, das für die Kirche von Borgo Sansepolcro angefertigt wurde. Das Genie des Malers zeigt sich in der feierlichen Monumentalität der Heiligenfigur (ein charakteristisches Merkmal des Renaissancestils), in der außerordentlichen Einfachheit der Konstruktion des Bildraums und auch in der lebendigen Darstellung bestimmter Details.

345 **SÃO PEDRO**

Dies ist das zentrale Gemälde einer Serie von zwölf Bildern, die zusammen ein Apostolat bilden. Es ist das einzige, das vom Künstler Francisco de Zurbarán signiert und datiert ist. Die Gemälde waren für das Kloster der Chorherren von São Vicente de Fora bestimmt. Ihre Aufgabe war es, die Einheit des Dogmas als Symbol der siegreichen Kirche in einer Zeit zu bekräftigen, in der die Gegenreformation noch im Gange war.

5 der bedeutendsten
ZEITGENÖSSISCHEN
KÜNSTLER *in Lissabon*

346 JOÃO LOURO
www.joaolouro.com

João Louro studierte Architektur und Malerei, aber seine Arbeiten berühren auch so unterschiedliche Bereiche wie Fotografie, Skulptur und Videoinstallationen. Eines seiner Anliegen ist, wie er es ausdrückt, die Reorganisation der visuellen Welt und was Visualität bedeutet. 2015 war João Louro portugiesischer Teilnehmer der Biennale di Venezia.

347 JOANA VASCONCELOS
www.joana vasconcelos.com

Joana Vasconcelos ist Portugals international anerkannteste zeitgenössische Künstlerin. Ihre Arbeit basiert auf der Aneignung, Dekontextualisierung und Subversion von bereits existierenden Objekten und Alltagsrealitäten, insbesondere der portugiesischen Populärkultur. Sie hat bereits Ausstellungen an Orten wie der Biennale di Venezia und dem Château de Versailles gezeigt.

348 PEDRO CABRITA REIS
www.pedro cabritareis.com

Pedro Cabrita Reis ist einer der wenigen portugiesischen Gegenwartskünstler mit internationalem Renommee. Sein plattformübergreifendes Oeuvre (Malerei, Skulptur, Fotografie und Installation) zeichnet sich durch einen eigenwilligen, philosophischen und poetischen Diskurs aus, der industrielle, gefundene Materialien und gefertigte Objekte verwendet.

349 JULIÃO SARMENTO
www.juliao sarmento.com

Julião Sarmento hat eine multimediale Bildsprache entwickelt, die Film, Sound, Malerei, Skulptur und Installationen miteinander verbindet. Seine Arbeiten beschäftigen sich mit Themen wie zwischenmenschliche Beziehungen, Sinnlichkeit, Voyeurismus und Transgression.

350 ALEXANDRE FARTO AKA VHILS
www.alexandre farto.com

Alexandre Farto ist ein zeitgenössischer Künstler, der als sein Alter Ego Aka Vhils Werke schafft, die mit der urbanen Landschaft interagieren. Für die Einzigartigkeit und Qualität seiner Werke, nämlich seine dramatischen, überdimensionalen Porträts von gewöhnlichen Menschen, die er zu Ikonen macht, hat er internationale Anerkennung gefunden. Sie werden hergestellt, indem man direkt in die Wände von Gebäuden schnitzt.

Die 5 besten Orte, um
A Z U L E J O S *zu sehen*

351 MUSEU DO AZULEJO

Rua da Madre de Deus 4
Beato ⑨
+351 21 810 0340
www.museudo azulejo.pt

Das Nationalmuseum für glasierte Fliesen zeigt die Entwicklung dieser antiken Kunstform seit ihrer Gründung im alten Ägypten bis heute. Es befindet sich in einem wunderschönen Kloster aus dem 15. Jahrhundert, das mit *azulejos* geschmückt ist, und ist in seiner Art einzigartig auf der ganzen Welt.

352 PALÁCIO FRONTEIRA

Largo de São Domingos de Benfica 1
Benfica ⑧
+351 21 778 2023
www.fronteira-alorna.pt

Dieser herausragende private Palast ist bekannt für seine reiche Inneneinrichtung, seinen im französischen Stil gehaltenen Kastengarten und vor allem für seine *azulejos*, die eine Reihe von Bildern bilden, die den portugiesischen Königen und der griechischen und römischen Mythologie gewidmet sind.

353 CONVENTO DOS CARDAES

Rua do Século 123
Príncipe Real ⑤
+351 21 342 7525
www.convento doscardaes.com

Dieses Nonnenkloster beherbergt eine wertvolle Serie von glasierten Fliesenpaneelen aus dem späten 16. Jahrhundert. Sie wurden von Jan van Oort in den Farben Weiß und Blau gestaltet und zeigen die Geschichte der Schutzpatronin des Klosters, Theresa von Avila.

354 VIDA PORTUGUESA (VIÚVA LAMEGO)

Largo do Intendente Pina Manique 23
Baixa ⑧
+351 21 346 5073
www.avida
portuguesa.com

Die Fabrik Viúva Lamego ist seit 1849 die wichtigste Produktionsstätte für glasierte Fliesen in Portugal und hat sich auf die feineren und künstlerischeren Versionen dieses traditionellen Wandverkleidungsmaterials spezialisiert. Die ehemalige Fabrik/der Laden in Intendente ist an sich schon ein Juwel der *azulejos*-Kunst – mit einer Fassade, die mit farbenfrohen Fliesen verkleidet ist.

355 CASA DO FERREIRA DAS TABULETAS

Largo Rafael Bordallo Pinheiro
Chiado ⑥

Dieses ikonische Gebäude wurde 1864 erbaut und hat eine Fassade, die vollständig mit dekorativen Fliesen verkleidet ist, die in der Fabrik Viúva Lamego hergestellt wurden. Sie zeigen allegorische Figuren, die Erde, Land, Wasser, Handel, Industrie, Wissenschaft und Landwirtschaft repräsentieren.

351 MUSEU DO AZULEJO

Die 5 interessantesten Orte
JÜDISCHER
HERKUNFT

---

356 SINAGOGA

**Rua Alexandre
Herculano 59**
Av. da Liberdade ④
+351 21 393 1130
www.cilisboa.org

Die Lissabonner Synagoge Shaaré Tikvah (Tore der Hoffnung) stammt aus dem Jahr 1904. Sie war die erste Synagoge, die in Portugal seit dem späten 15. Jahrhundert gebaut wurde, als die Juden aus dem Land vertrieben wurden. Die Synagoge wurde vom Architekten Ventura Terra in einer Mischung aus neobyzantinischem und neoromanischem Stil entworfen.

357 ALFAMA

Rua da Judiaria
Alfama ⑦

Die Straße der jüdischen Gemeinde in Alfama (Rua da Judiaria) erinnert uns daran, dass es hier einst eine jüdische Siedlung gab, deren Geschichte bis ins 13. Jahrhundert zurückreicht. 1373 wurde eine Synagoge gebaut, die jedoch zerstört wurde, ohne sichtbare Spuren zu hinterlassen. Es gibt aber einige Häuser, die immer noch Türen haben, in die der Davidstern eingraviert ist.

358 CEMITÉRIO ISRAELITA PRINCIPAL

Rua Afonso III 44
Alto de São João ⑨

Im Jahre 1868 erteilte König Luís der portugiesischen jüdischen Gemeinde durch einen königlichen Erlass die Erlaubnis, einen Friedhof zu errichten, um ihre Mitglieder angemessen zu begraben. Dies ist immer noch der wichtigste jüdische Friedhof in der Stadt.

359 TERREIRO DO PAÇO

Baixa ⑥

Im 16. Jahrhundert war dieser Ort Schauplatz entsetzlicher Zeremonien gegen Juden, angeführt von der rücksichtslosen Heiligen Inquisition. Diese *autos-de-fé* (»Glaubensakte«) waren Rituale, bei denen verurteilte sogenannte »Ketzer« zur Buße gezwungen wurden. Ihre Bestrafung konnte bis zur Hinrichtung durch Verbrennen reichen.

360 ROSSIO

Largo de São Domingos
Baixa ⑥

Auf dem Rossio-Platz befand sich einst der Sitz der Heiligen Inquisition, bis sie 1821 abgeschafft wurde. Jetzt steht das Nationaltheater D. Maria an seiner Stelle. Der angrenzende Largo de São Domingos war Zeuge zahlreicher *autos-de-fé*, einschließlich der schrecklichen Verbrennung lebender Menschen. Nicht die beste Epoche in der portugiesischen Geschichte.

Die 5 schönsten
KOPFSTEINPFLASTER

---

361 PADRÃO DOS DESCOBRIMENTOS
Belém ②
www.padraodos descobrimentos.pt

Dies ist das mit Abstand eindrucksvollste Kopfsteinpflasterwerk der Stadt. Das gigantische Mosaik auf den Spuren des Padrão dos Descobrimentos stellt eine Weltkarte dar, die von einem überdimensionalen Kompass verschlungen wird, der die Routen der portugiesischen Meeresforscher zeigt. Betrachten Sie es von der Spitze des Monuments aus, um seine Schönheit zu begreifen.

362 AVENIDA DA LIBERDADE
Av. da Liberdade ④

Die Avenida da Liberdade, die Hauptverkehrsader von Lissabon, verfügt über einige der bemerkenswertesten Kopfsteinpflaster der Stadt. Die überdimensionalen Bürgersteige sind mit floralen Motiven gefüllt. Am oberen Ende der Straße befindet sich ein Stern, der das Wappen von Lissabon ist und zwei Krähen auf einer Karavelle darstellt, während man unten in Restauradores ein Muster des Künstlers Abel Manta bewundern kann.

1427
AÇORES

MADEIRA

PORTUGAL

1434
C. BOJADOR
1441

ᵃˢ Cᵒ VERDE

1444
CABO VERDE
GUINE
1460
M

363 PARQUE DAS NAÇÕES
www.portal
dasnacoes.pt
Parque das Nações ⑲

Die Tradition der Herstellung von Kopfsteinpflaster ist auch heute noch sehr präsent in Lissabon, wie man im modernen Stadtteil Parque das Nações sehen kann. Dieser Bereich wurde für die Weltausstellung 1998 entwickelt, die den portugiesischen Entdeckungen gewidmet war, und so wurden die Entwürfe von den Ozeanen inspiriert und zeigen Meeresungeheuer, Meerjungfrauen und andere Meereselemente.

364 AMÁLIA BY VHILS
Rua de São Tomé
Alfama ⑦

Die berühmten portugiesischen Kopfsteinpflaster (*calçada à Portuguesa*) waren die Inspiration für ein Kunstwerk, das der Straßenkünstler Vhils in Alfama geschaffen hat. Seine Hommage an die legendäre Fadodarstellerin Amália Rodrigues (S. 244) zeigt ihr Gesicht an einer Wand, und das Bild fließt in den Boden. Es ist sowohl zeitgenössisch als auch traditionell und wurde sofort zu einem neuen Wahrzeichen der Stadt.

365 PRAÇA DO ROSSIO
Baixa ⑥

Rossio, der zentrale Platz in der Innenstadt von Lissabon, gilt als der Ort, an dem die Kunst der Verzierung von Gehwegen und Bürgersteigen mit Kopfsteinpflaster entstanden ist. Sein wellenförmiges Muster (der »Weite Ozean«) stammt aus der Mitte des 19. Jahrhunderts und war so beliebt, dass es in Rio de Janeiro in Brasilien nachgebaut wurde, wo es zu einem Wahrzeichen wurde.

5 Orte, um

FERNANDO PESSOA

zu entdecken

---

366 CASA FERNANDO PESSOA

Rua Coelho
da Rocha 16
Campo de Ourique ③
+351 21 391 3270
casafernandopessoa.
cm-lisboa.pt

Dieses städtische Kulturzentrum befindet sich in dem Haus, in dem der berühmte Fernando Pessoa die letzten Jahre seines Lebens verbrachte. Die Sammlung umfasst einige persönliche Gegenstände des Autors, alle seine literarischen Werke und Sekundärliteratur. Es finden regelmäßig Veranstaltungen statt.

367 LARGO DE SÃO CARLOS

Largo de São Carlos
Chiado ⑥

Pessoa wurde im dem Gebäudes gegenüber dem Nationaltheater von São Carlos (S. 174) geboren, wo sein Vater, der Musikkritiker war, oft arbeitete. 2008, anlässlich des 120. Geburtstages des Dichters, enthüllte die Gemeinde an diesem Ort eine weitere Bronzestatue zu seinen Ehren.

368 LARGO DO CARMO

Largo do Carmo
Chiado ⑥

Nachdem er zehn Jahre seines Lebens in der südafrikanischen Stadt Durban verbracht hatte, kehrte Pessoa nach Lissabon zurück, wo er ein Zimmer direkt gegenüber der Ruine des Carmo-Klosters mietete. Die Wohnung ist jetzt ein Gästehaus unter dem Motto Fernando Pessoa.

369 ESTÁTUA DO CHIADO

Largo do Chiado ⑥
Chiado ⑥

Pessoa verbrachte viel Zeit auf der Terrasse des Café A Brasileira (S. 82) in Chiado. Um diese Erinnerung wieder aufleben zu lassen, wurde eine Statue genau an der Stelle aufgestellt, an der er früher saß. Die Figur in Originalgröße sitzt, die Beine gekreuzt, neben einem Tisch. Ein freier Stuhl neben ihm lädt Touristen zum Sitzen und Fotografieren ein.

370 MARTINHO DA ARCADA

Praça do Comércio 3
Baixa ⑥
+351 21 887 9259
www.martinho
daarcada.pt

Dieses kultige Café auf dem Terreiro do Paço ist das älteste in Lissabon und einer der beliebtesten Orte von Pessoa. Er genoss hier oft seine Mahlzeiten, bis zu seinen letzten Tagen. Immer saß er am selben Tisch, wo er seine Gedanken in Gedichten und Büchern niederschrieb.

370 MARTINHO DA ARCADA

Die 5 besten Orte, um
LIVEMUSIK *zu hören*

---

371 LISBON LIVING ROOM SESSIONS

lisbonlivingroom sessions.blogspot.pt

Joanna Hecker und Ricardo Lopes organisieren regelmäßig Pop-up-Events in besonderen historischen Häusern rund um Lissabon, die die Besitzer freundlicherweise für sie öffnen. Die Veranstaltungen sind immer privat und geheim, Hinweise auf den jeweiligen Ort erhalten die Gäste erst wenige Stunden vor Beginn. Darüber hinaus veranstalten die beiden wöchentliche Jazzkonzerte an Orten wie zum Beispiel dem Rive-Rouge (S. 89).

372 HOT CLUBE DE PORTUGAL

Praça da Alegria 48
Av. da Liberdade ④
+351 21 361 9740
www.hcp.pt

Diese Bar ist eine Institution in der portugiesischen Musikszene. Hot Clube wurde Mitte des 20. Jahrhunderts eröffnet und steht auf der Liste der ältesten Jazzclubs der Welt. Er ist eine lokale und auch eine internationale Referenz und hat Künstler wie Dexter Gordon und Quincy Jones willkommen geheißen.

373 TEMPLÁRIOS BAR

Rua Flores do Lima 8
Avenidas Novas ⑧
+351 21 797 0177
www.templarios.pt

Hier ist einer jener Schätze, die selbst von anspruchsvollen Einheimischen unbemerkt bleiben, denn die meisten Menschen gehen selten in diesem Stadtteil aus. Die Bar auf Avenidas Novas ist seit 1991 geöffnet und bietet täglich Livemusik-Shows von Amateur- und Garagenbands sowie Stand-up-Comedy-Shows.

374 POPULAR ALVALADE

Rua António
Patrício 11–B
Avenidas Novas ⑧
+351 21 796 0216
www.facebook.com/
PopularAlvalade

Popular Alvalade liegt abseits der touristischen Stadtviertel und ist daher ein Ort, der fast ausschließlich von Einheimischen besucht wird, die sich dort für die regelmäßigen Livemusik-Shows aufhalten. Die Auftritte sind vielfältig und umfassen Musikrichtungen wie Rock, Pop, World, Indie und Pop-Rock.

375 XAFARIX

Avenida Dom
Carlos I 69
Santos ③
+351 21 395 1395

Bei Xafarix handelt es sich um einen traditionellen und gemütlichen Livemusik-Treffpunkt, der seit Ende der 1980er-Jahre existiert. Die Bar verdankt ihren Namen der Lage in einem alten Wasserreservoir, das die Bewohner mit sauberem Wasser (*chafariz*) versorgte.

5
FILME,
die in Lissabon spielen

---

376 NACHTZUG NACH LISSABON

Dieser Film von Billie August erzählt die Geschichte von Raimund Gregorius, einem Schweizer Professor, der eine schöne Frau vor dem Selbstmord bewahrt. In ihrem Mantel findet er die Adresse einer Buchhandlung, und dort stößt er auf ein Buch eines portugiesischen Schriftstellers, in dem sich ein Zugticket nach Lissabon befindet. Besessen von dem Buch beschließt er, den Zug nach Lissabon zu nehmen, um den Autor zu treffen.

377 LISBON STORY

In diesem Film von Wim Wenders kommt die Hauptfigur, ein Filmregisseur, nach Lissabon und lädt einen Toningenieur ein, Klänge für einen Film über die portugiesische Hauptstadt aufzunehmen. Er zeigt den Ingenieur, wie er durch die Stadt wandert und die Musik von Lissabon aufnimmt und dabei interessante Persönlichkeiten trifft.

378 **DAS GEISTERHAUS**

Das Geisterhaus ist eigentlich kein Film über Lissabon, aber die Stadt wurde als Kulisse für alle städtischen Szenen benutzt, als wäre es Santiago de Chile. Der Familienbesitz der Familie Trueba, die Hauptfiguren dieser Geschichte, wurde künstlich im Süden Portugals errichtet, sodass man sagen kann, dass das Land eine große Rolle im Film spielt.

379 **IM GEHEIMDIENST IHRER MAJESTÄT**

Merkwürdigerweise wurde dieser James-Bond-Film aus dem Jahr 1969 (der einzige mit George Lazenby), der unter anderem in Portugal gedreht wurde, erst nach der Revolution von 1974 im Land gezeigt, da das diktatorische Regime seine Vorführung nicht genehmigte. In Erinnerung bleiben die Hochzeit Bonds und der Tod seiner Frau Teresa.

380 **DIE GEHEIMNISSE VON LISSABON**

Der beinahe fünfstündige Film erzählt die Geschichte des Waisenkinds Pedro da Silva und seine Suche nach seiner wahren Identität. Dabei gelangt er in einen Strudel von Abenteuern und Eskapaden, Liebesaffären und Verbrechen. Die Besetzung umfasst Namen wie Ricardo Pereira, Maria João Bastos und Helena Coelho als Marquise von Santa Eulália.

Die 5 unvergesslichsten
FADO-ERFAHRUNGEN

381 **ALFAMA**
Alfama ⑦

Alfama lebt und atmet Fado – es ist, als ob sich die ganze Nachbarschaft in dem langsamen Tempo dieser melancholischen Melodie, die die Seele Portugals ist, bewegt. Die Einheimischen haben von klein auf Kontak mit Fado, und viele von ihnen wachsen zu Fado-Sängern, -Gitarristen oder Inhabern von Fado-Restaurants heran.

382 **MUSEU DO FADO**
Largo do Chafariz de Dentro 1
Alfama ⑦
+351 21 882 3470
www.museudofado.pt

Wie zu erwarten, befindet sich das Museum des Fado in Alfama. Diese Kulturinstitution erzählt die Geschichte des Fado und des sozialen Umfelds, in dem die Musik gedeiht. Zum Anhören stehen Aufnahmen zur Verfügung, die die verschiedenen Nuancen dieses Musikgenres illustrieren, nämlich die Unterschiede zwischen Fado aus Lissabon oder Coimbra, aristokratisch oder vagabundierend.

383 CIDADE DO FADO TRUCK

Rua do Carmo
Chiado ⑥

Die Luft in der Rua do Carmo in Chiado ist fast immer erfüllt von den zarten Klängen portugiesischer Gitarren und sanften Stimmen. Dies ist António Cardoso, dem Besitzer des Lastwagens Cidade do Fado, zu verdanken, der seit den 1990er-Jahren diese Straße nie verlassen hat. Er ist ein erfahrener Kenner des Fado und hilft Touristen auf der Suche nach der richtigen CD.

384 CASA MUSEU AMÁLIA RODRIGUES

Rua São Bento 193
Príncipe Real ⑤
+351 21 397 1896
www.amalia
rodrigues.pt

Amália Rodrigues (S. 244) war für den Fado, was die Beatles für die Popmusik waren. Diese atemberaubend schöne und weltberühmte Diva war zu Lebzeiten eine Ikone und ist seit ihrem Tod eine Göttin. Sie war so relevant für die portugiesische Kultur, dass sie im Nationalpantheon begraben wurde. Ihr Haus ist heute ein kleines Museum, in dem ihre persönlichen Gegenstände ausgestellt sind.

385 REAL FADO

Príncipe Real ⑤
+351 21 340 4150
www.eastbanc.pt/
realfado

Real Fado zelebriert das einzigartige Musikgenre des Fado, indem es wöchentlich drei Shows an verschiedenen und überraschenden Orten in Príncipe Real organisiert, von denen einige selbst Einheimischen unbekannt sind. Der Charakter jedes Veranstaltungsorts wird in die Shows integriert: traditioneller Fado, Fado & andere Klänge und zeitloser Fado.

5 *sehr exklusive*
PRIVATCLUBS

---

386 TURF
**Rua Garrett 74
Chiado ⑥
+351 21 346 0975
*www.turf-club.org***

Der Turf Club, auch bekannt als »Gesellschaft zur Verbesserung von Pferderas-
sen«, ist ein privater Herrenclub mit Sitz
in Chiado und behauptet, der exklusivste
Club in Lissabon zu sein. Er ist einer
der beiden aristokratischen Vereine der
Stadt (der andere ist der «Real Tauromáquico«) und rühmt sich mehr der Blut-
linien seiner Mitglieder als seiner Pferde
– es sind keine vorhanden.

387 SOCIEDADE DE GEOGRAFIA
**Rua das Portas de
Santo Antão 100
Av. da Liberdade ④
+351 21 342 5401
*www.socgeografia
lisboa.pt***

1875 in einem erstaunlichen Gebäude
in der Nähe von Avenida da Liberdade
gegründet, war die Geografische Gesellschaft von Lissabon »darauf ausgerichtet,
das Studium und den Fortschritt der
Geografie und verwandter Wissenschaf-
ten zu fördern und zu unterstützen«.
Hierher kamen die Entdecker Afrikas,
um ihre Ergebnisse zu präsentieren.
Auch heute noch hat die Gesellschaft
einen kulturellen Einfluss.

388 GRÉMIO LITERÁRIO

Rua Ivens 37
Chiado ⑥
+351 21 347 5666
www.gremioliterario.pt

Unter der Schirmherrschaft von Königin Maria der Zweiten gegründet, war dieser Privatclub stets sozial toleranter als seine Chiado-Nachbarn Turf und Tauromáquico, die Intellektuelle sowohl von adeliger als auch von gemeiner Herkunft willkommen hießen. Zu Beginn auch ein Sportverein, hat er jetzt nur noch eine literarische und kulturelle Agenda.

389 CLUBE TAUROMÁQUICO

Rua Ivens 72, 1°
Chiado ⑥
+351 21 346 0973

Der Königliche Stierkampfverein war bei seiner Gründung ein Verein von Stierkampf liebenden Aristokraten. Das Tauromáquico bleibt seiner ursprünglichen DNA treu: Es handelt sich um einen Privatclub, der ausschließlich männlichen Mitgliedern vorbehalten ist, und das wird wahrscheinlich so bleiben, bis die letzten Reste dieses Lebensstils aussterben.

390 CÍRCULO EÇA DE QUEIROZ

Largo Rafael Bordalo Pinheiro 4
Chiado ⑥
+351 21 342 8758
www.circuloeca dequeiroz.com

Dieser soziale und intellektuelle Verein wurde 1940 mit dem Ziel gegründet, Literatur und Kunst durch Konferenzen, Ausstellungen und Konzerte zu fördern, und hat Persönlichkeiten wie T. S. Eliot und Graham Greene willkommen geheißen Er ist weniger elitär als die anderen Clubs und mehr auf die beruflichen und sozialen Verdienste seiner Mitglieder bedacht als auf ihre Geburt.

20 DINGE, DIE MAN MIT KINDERN UNTERNEHMEN KANN

Die 5 besten Orte für
KLEINE KINDER

391 **OCEANÁRIO**
Esplanada Dom
Carlos I
Parque das Nações ⑩
+351 21 891 7000
www.oceanario.pt

Dies ist eines der größten und eindrucksvollsten Meeresaquarien der Welt, in dem über 25.000 Meerestiere (außer den Haien) in einem riesigen Becken zusammenleben – alle existierenden Meereslebensräume sind vorhanden. Es ist ein großartiges Erlebnis, das Kinder und Erwachsene gleichermaßen begeistert.

392 **JARDIM ZOOLÓGICO**
Praça Marechal
Humberto Delgado
Sete-Rios ⑧
+351 21 723 2900
www.zoo.pt

Der Zoo von Lissabon aus dem Jahr 1905 wurde in den letzten Jahren erheblich modernisiert und befindet sich trotz seiner relativ geringen Größe auf einer Stufe mit einigen der besten internationalen Zoos. Er ist ein schöner Ort für Familien, vor allem dank einer seiner Attraktionen: der Delfinbucht, wo sich die Besucher eine Delfin- und Seelöwenshow ansehen können.

393 PLANETÁRIO

Praça do Império
Belém ②
+351 21 097 7350
planetario.marinha.pt

Das Planetarium von Lissabon ist ein Theater, das speziell für die Spiegelung des Nachthimmels gebaut wurde und ein lehrreiches und unterhaltsames Erlebnis bietet, das sich mit der Wissenschaft der Astronomie beschäftigt. Es verfügt über eine große kuppelförmige Leinwand, auf die dank der Verwendung verschiedenster Technologien Szenen am Himmel sehr realistisch projiziert werden.

394 BORBOLETÁRIO

Rua da Escola
Politécnica 56–58
Príncipe Real ⑤
+351 21 392 1800
www.museus.ulisboa.pt/
borboletario

Im Botanischen Garten (S. 155) von Príncipe Real befindet sich die erste Schmetterlingsgärtnerei, die auf der iberischen Halbinsel der Öffentlichkeit zugänglich ist. In diesem akklimatisierten Gewächshaus können die Besucher die verschiedenen Stadien im Lebenszyklus eines Schmetterlings miterleben. Zu den ansässigen Schmetterlingen gehören die größten europäischen Arten: das Riesenpfauenauge, der Schwalbenschwanz und der Monarchfalter.

395 KIDZANIA

Dolce Vita Tejo
Shopping Center
Av. Cruzeiro Seixas 7
Loures
+351 21 154 5530
www.kidzania.pt

Kidzania ist ein Themenpark für Familien mit Kindern im Alter von drei bis 15 Jahren. Er bildet eine Stadt im Kindermaßstab nach, sodass die Kleinen vorgeben können, erwachsen zu sein. Es gibt über 60 verschiedene Berufe, die sie spielend ausprobieren können.

Die 5 besten
EISDIELEN

396 PALETARIA

Rua Saraiva de
Carvalho 120A
Campo de Ourique ③
+351 91 727 8943
www.paletaria.com

Die frischen, ausschließlich natürlichen *paletas* (Eis am Stiel) sind ein Muss für Eisliebhaber. Sie bestehen aus frischem Obst und sonst nichts – keine Milchprodukte, keine künstlichen Aromen. Einige der Geschmacksrichtungen sind Erdbeere, Kiwi, Pfirsich, Ananas, Minze und Mango. Sie sind zum Sterben gut …

397 ARTISANI

Avenida Alvares
Cabral 65B
Estrela ③
+351 21 397 6453
www.artisanigelado.com

Dieser Eisladen ist das Aushängeschild der Artisani-Kette. Er ist in der Nähe des Jardim da Estrela angesiedelt und bietet handgemachtes Eis in Geschmacksrichtungen an, die von den traditionelleren Sorten bis hin zu aufregenden Kreationen reichen.

398 NANNARELLA

Rua Nova da
Piedade 68
Príncipe Real ⑤
+351 92 687 8553

Diese kleine italienische Eisdiele in São Bento ist seit der Eröffnung in aller Munde und bietet erstaunliche Eissorten (zu einem sehr, sehr günstigen Preis). Das Eis wird von den italienischen Eigentümern selbst nach römischer Art serviert, mit einem Spachtel anstelle einer Kugel und wahlweise mit Schlagsahne.

399 **SANTINI**

Rua do Carmo 9
Chiado ⑥
+351 21 346 8431
www.santini.pt

Als diese italienische Eisdielenkette der dritten Generation über 50 Jahre lang einen sehr erfolgreichen Laden in Cascais hatte, beschloss man, weitere Filialen zu eröffnen. Der Chiado-Laden ist der größte in Lissabon, zu jeder Jahreszeit können Sie aus über 20 cremigen Geschmacksrichtungen wählen.

400 **FRAGOLETTO**

Rua da Prata 61
Baixa ⑥
+351 21 347 9472

Diese kleine, unabhängige Eisdiele im Viertel Baixa konkurriert in Sachen Qualität mit den großen. Das italienische Eis wird aus frischen Früchten der Saison hergestellt, und es gibt auch Sorten für Veganer (aus Soja) oder für Menschen mit Laktoseintoleranz.

398 NANNARELLA

Die 5 schönsten
GESCHÄFTE FÜR KINDER

---

401 HOSPITAL DE BONECAS
Praça da Figueira 7
Baixa ⑥
+351 21 342 8574
*www.hospital
debonecas.com*

Das Hospital de Bonecas (Puppenkrankenhaus) aus dem 19. Jahrhundert ist eines der spektakulärsten Geschäfte in Lissabon und wurde von Reader's Digest als einer der coolsten Spielwarenläden der Welt bezeichnet. In einer Werkstatt werden Puppen restauriert (plastische Chirurgie, Transplantationen usw.).

402 TERESA ALECRIM
Amoreiras Shopping Center
Amoreiras ④
+351 21 383 3335
www.teresaalecrim.com

Der Familienbetrieb, der 1981 von Teresa Carrusca gegründet wurde, verkauft Artikel, die von Portugals jahrhundertealter Heimtextilientradition inspiriert sind. Sein Babysortiment umfasst Decken, Taschen, Betten, Röcke und viele andere kostbare und handgefertigte Produkte.

403 MINI BY LUNA
Rua Dom Pedro V 56
Príncipe Real ⑤
+351 21 346 5161

Ein Multimarken-Concept-Store in Príncipe Real, der Produkte für Kinder, Frauen und für zu Hause vertreibt, unter anderem von Marken wie ba&sh, Leon & Harper, Bobo Choses und Babe & Tess. Das Geschäft selbst ist sehr charmant, mit einem herrlichen privaten Garten hinter dem Haus.

404 PAPABUBBLE

Rua da Conceição 117–119
Baixa ⑥
+351 21 342 7026
www.papabubble.com

Direkt neben einer der Haltestellen der Straßenbahnlinie 28 (S. 151) in Baixa gelegen, verbirgt dieser kleine Laden hinter seiner farbenfrohen Fassade eine Welt der Süße. Die Konditormeister stellen nach traditionellen Rezepten chemiefreie Karamellbonbons von Hand her.

405 CAMPO DE OURIQUE

Campo de Ourique ③

Das Viertel Campo de Ourique gleicht einem riesigen Freiluft-Einkaufszentrum. Es gibt eine riesige Anzahl an Geschäften mit Kinderbekleidung, die für jeden Geldbeutel etwas zu bieten haben. Wenn Sie Kinder haben, sollten Sie diese Einkaufsmöglichkeit nicht verpassen.

403 MINI BY LUNA

Die 5 spaßigsten
SPIELPLÄTZE

406 JARDIM DA ESTRELA
Praça da Estrela
Estrela ③
+351 21 397 4818

Jardim da Estrela ist der beste Familien-garten in Lissabon, umgeben von den eleganten Wohnvierteln Estrela, Lapa und Campo de Ourique, in denen mehr Kinder zu leben scheinen als irgendwo sonst in der Stadt. Der Spielplatz ist groß und verfügt über Sitzgelegenheiten für Eltern, die ihren Kindern beim Spielen zusehen können.

407 PARQUE DA SERAFINA
Estrada da Serafina
Monsanto ①

Der Kinderpark von Alto da Serafina ist mit Abstand der größte der Stadt. Inmitten der Natur im Monsanto-Park gelegen, bietet er eine große Auswahl an Einrichtungen. Es gibt Sportaktivitäten, Spielplätze, eine Fahrschule für Kinder und einen Picknickplatz.

408 JARDIM DAS AMOREIRAS
Praça das Amoreiras
Amoreiras ④

Der sehr kleine Spielplatz im Garten von Amoreiras ist ein schöner Ort, um sich während eines Stadtbesuchs auszuruhen. Die Eltern können ihren Kindern von einem netten Bistro aus beim Spielen zuschauen, wo preiswerte Getränke und leichte Mahlzeiten serviert werden.

409 PARQUE DA QUINTA DAS CONCHAS

Avenida Eugénio de Andrade
Lumiar ⑧

Dieser zentrale, 24 Hektar große Park im nördlichen Lissabon verfügt über einen Spielplatz, einen Multisportplatz, ein Waldgebiet mit Wanderwegen, ein Restaurant und einen Kiosk. Die Kinder genießen die weitläufigen Rasenflächen, ideal zum Spielen unter freiem Himmel.

410 JARDIM DO PRÍNCIPE REAL

Praça do Príncipe Real
Príncipe Real ⑤

Das Viertel Príncipe Real spricht nicht nur Erwachsene an, sondern bietet auch Aktivitäten für Kinder. Der Garten verfügt über einen schönen, schattigen Spielplatz, auf dem Eltern ihre Kinder spielen lassen und eine wohlverdiente (und wahrscheinlich dringend benötigte) Ruhepause einlegen können, nachdem sie mit Kinderwagen und Babytragetüchern die nahe gelegenen Hügel hinauf- und hinuntergeklettert sind.

406 JARDIM DA ESTRELA

25 ORTE ZUM ÜBERNACHTEN

Die 5
GLAMOURÖSESTEN
HOTELS

411 RITZ

Rua Rodrigo da
Fonseca 88
Parque Eduardo VII ④
+351 21 381 1400
www.fourseasons.com/
pt/lisbon

Dieses Hotel ist der Inbegriff von Luxus und Eleganz der Stadt. Es wurde in den 1950er-Jahren gebaut, um die Elite Europas zu beherbergen. Das Ritz, das jetzt von der Hotelkette Four Seasons geführt wird, bewahrt den Charme eines eigenständigen, familiengeführten Hotels. Das modernistische Dekor enthält Elemente des Art déco und beeindruckende Kunstwerke – bewundern Sie unbedingt die Wandteppiche von Almada Negreiros.

412 PESTANA PALACE

Rua Jau 54
Alcântara ⑦
+351 21 361 5600
www.pestana.com/pt/
hotel/pestana-palace

Der Palast, den dieses Hotel teilweise einnimmt, wurde im 18. Jahrhundert vom reichsten Mann des Landes, dem Marquis von Valle-Flôr, erbaut und steht unter Denkmalschutz. Die Zimmer befinden sich im Wohnviertel von Santo Amaro und umgeben einen üppigen Garten, in dem ein abgelegener Pool einen ruhigen Zufluchtsort bietet.

413 AVENIDA PALACE

R. 1º de Dezembro 123
Av. da Liberdade ④
+351 21 321 8100
www.hotel
avenidapalace.pt

Dieses traditionelle Hotel direkt neben dem berühmten Rossio-Bahnhof ist ein echtes Wahrzeichen von Lissabon. 1892 wurde es dort, wo zwei der wichtigsten Plätze Lissabons (Rossio und Restauradores) aufeinandertreffen, eröffnet. Jahrelang war es das führende Palasthotel in Lissabon, und es hat immer noch seinen ganzen Belle-Epoque-Charme.

414 LAPA PALACE

Rua do Pau de
Bandeira 4
Lapa ③
+351 21 394 9494
www.olissippo
hotels.com

Dieses großartige Hotel, versteckt im ruhigen Wohnviertel von Lapa und umgeben von ausländischen Botschaften, war früher der Palast der Grafen von Valenças. Die 109 geschmackvoll eingerichteten Zimmer verfügen über einen exotischen subtropischen Garten und bieten einen herrlichen Blick auf die Ziegeldächer der Altstadt und den Fluss.

415 VALVERDE

Av. da Liberdade 164
Av. da Liberdade ④
+351 21 094 0300
www.valverdehotel.com

Dieses gemütliche, klassische und elegante Fünf-Sterne-Hotel in Avenida da Liberdade bietet anspruchsvollen Gästen 25 wunderschön eingerichtete Zimmer. Die Atmosphäre hier vermittelt vollkommene Privatsphäre – selbst die Rezeption ist versteckt. Das Hotel verfügt über eine atemberaubende Außenterrasse mit einem Tauchbecken und ein Terrassenrestaurant.

Die 5 besten
KLEINEN HOTELS

416 LE CONSULAT

Praça Luís de
Camões 22
Chiado ⑥
+351 21 242 7470
www.leconsulat.pt

Dieses einzigartige Hotel, in dem einst das Konsulat Brasiliens untergebracht war, verfügt über 20 geräumige Suiten, die mit wichtigen Kunstwerken lokaler Künstler dekoriert sind. Die Cocktailbar ist einer der coolsten Orte in der Stadt.

417 BRITÂNIA

Rua Rodrigues
Sampaio, 17
Av. da Liberdade ④
+351 21 315 5016
www.hotel-britania.com

Das Britânia ist in einem historischen Gebäude untergebracht, das vom führenden Architekten seiner Zeit, Cassiano Branco, entworfen wurde. Die dekorativen Elemente des Art déco aus dem Jahr 1944 sind im Hotel, das einen in Lissabon unübertroffenen Charme ausstrahlt, noch immer sehr präsent.

418 JANELAS VERDES

Rua das Janelas
Verdes 47
Lapa ③
+351 21 396 8143
www.asjanelas
verdes.com

Das Hotel Janelas Verdes befindet sich in einem wunderschönen Gebäude aus dem 19. Jahrhundert, in dem der berühmte Schriftsteller Eça de Queiroz lebte. Der Terrassengarten und die Bibliothek im Obergeschoss bieten einen überraschenden Blick auf den Fluss.

419 VERRIDE PALÁCIO DE SANTA CATARINA

Rua de Santa
Catarina 1
Santa Catarina ⑤
+351 21 157 3055
www.verridesc.pt

Dieses atemberaubende neue Hotel könnte aufgrund seiner palastartigen Atmosphäre, der fantastischen Aussicht aus seinen Zimmern und der erhabenen Eleganz seiner Einrichtung durchaus in mehrere Kategorien dieses Buches aufgenommen werden. Es liegt im magischen kleinen Stadtviertel Santa Catarina.

420 BAIRRO ALTO HOTEL

Praça Luís de
Camões 2
Chiado ⑥
+351 21 340 8288
www.bairroalto
hotel.com

Dieses Hotel, Mitglied der weltweit führenden Hotels, war das erste seiner Art, das seine Türen in Lissabon öffnete und damit den Ton für die Boutiquehotelszene der Stadt angab. Die 55 Zimmer verteilen sich auf den belebten Platz von Camões, das Tor zum Bairro Alto, oder zum Tejo. Die Terrasse ist einer der besten Plätze der Stadt für einen Drink oder eine leichte Mahlzeit.

Die 5 besten Unterkünfte für ein
ZIMMER MIT AUSBLICK

421 MEMMO ALFAMA

Tv. Merceeiras 27
Alfama ⑦
+351 21 049 5660
www.memmo
alfama.com

Sie werden dieses Hotel wahrscheinlich nicht bemerken, wenn Sie daran auf der Straße, die von der Sé-Kirche (S. 129) zum Schloss führt, vorbeigehen. Es liegt in einer engen Gasse versteckt. Sie werden fasziniert sein von der Aussicht, die es über Alfama und den Fluss bietet. Das sehr aufmerksame Hotelpersonal steht den Gästen zur Verfügung, um das malerische Viertel kennenzulernen.

422 HOTEL DO CHIADO

Rua Nova do
Almada 114
Chiado ⑥
+351 21 325 6100
www.hoteldochiado.pt

Das Hotel liegt direkt neben der Einkaufspassage Chiado und ist eines der Gebäude des Architekten Álvaro Siza Vieira (S. 247). Es bietet einen der besten Ausblicke der Stadt, vor allem von den Zimmern im obersten Stockwerk, die das Schloss überblicken. Diese Zimmer verfügen über herrliche Außenterrassen (s. 90), von denen die Gäste die wunderschöne Landschaft genießen können.

423 PALÁCIO CAMÕES

Largo do Calhariz 16A
Chiado ⑥
+351 93 666 6600
www.palacio
camoes.com

Dieses Nationaldenkmal ist eines der berühmtesten Gebäude in Lissabon. Es befindet sich neben der Standseilbahn Bica (S. 137) und im Zentrum des goldenen Dreiecks der Stadt – Chiado, Bairro Alto und Santa Catarina. Der Palast, einst die Residenz des Marquis von Pombal und des Präsidenten Sidónio Pais, beherbergt heute zehn Wohnungen mit atemberaubendem Blick auf die Stadt und den Fluss.

424 TOREL PALACE

Rua Câmara
Pestana 23
Av. da Liberdade ④
+351 21 829 0810
www.torelpalace.com

Mit nur zehn Suiten liegt dieses Juwel eines Hotels direkt neben dem Torel-Garten, am höchsten Ende der Avenida da Liberdade. Im klassisch-zeitgenössischen Stil eingerichtet, ist das Highlight der Infinity-Pool, der über der Stadt thront. Es ist eine abgeschiedene Oase, die die Gäste mit ihrer privaten Atmosphäre bezaubern wird.

425 BEAUTIQUE HOTEL FIGUEIRA

Praça da Figueira 16
Baixa ⑥
+351 21 049 2940
www.thebeautique
hotels.com

Dieses 50-Zimmer-Hotel, das von der preisgekrönten Designerin Nina Andrade Silva eingerichtet wurde, befindet sich in einem umgebauten Gebäude aus dem 19. Jahrhundert im Herzen der Innenstadt. Es bietet einen eindrucksvollen Blick auf die darunter liegenden Burghügel. Auf dem Platz, der sich zwischen Rossio und Martim Moniz befindet, pulsiert an jedem Tag der Woche das Leben.

5 UNGEWÖHNLICHE ÜBERNACHTUNGS-MÖGLICHKEITEN

426 PALÁCIO BELMONTE

Pátio de Dom
Fradique 14
Castelo ⑦
+351 21 881 6600
www.palacio
belmonte.com

Der Palácio Belmonte hebt sich von der Lissabonner Hotelszene ab und verdient eine Klasse für sich. Es ist ein abgelegener Ort, versteckt hinter einem imposanten Tor durch die Burgmauern und bietet elf herrliche Suiten, alle mit beeindruckendem Blick auf die Altstadt. Der Palast selbst stammt aus dem 15. Jahrhundert und wurde von Fréderic Coustols, seinem französischen Besitzer, sorgfältig renoviert. Er verfügt über einen gemütlichen Garten mit Pool.

427 PALACETE CHAFARIZ D'EL REI

Tv. do Chafariz del
Rei 6
Alfama ⑦
+351 21 888 6150
www.chafarizdelrei.com

Dies ist ein weiterer Palast in Lissabon, der nach einer gründlichen Renovierung zu hochwertigen Unterkünften umgebaut wurde, um seine alte Pracht wiederherzustellen. Die Architektur ist neomaurisch – ein sehr modischer Stil im 20. Jahrhundert. Die bestehenden sechs Suiten sind alle unterschiedlich, haben aber ein gemeinsames charmantes, diskretes und luxuriöses Ambiente.

428 THE KEEP – SLEEP BOUTIQUE/ PENSAO NINHO DE AGUIAS

Costa do Castelo 74
Castelo ⑦
+351 21 885 4070
www.thekeep.lisbon-hotel.org

Es ist schwer, die Aussicht von diesem kleinen 16-Zimmer-Hotel, das hoch über Lissabon thront, zu übertreffen. Es ist kein klassisches Hotel, hier fühlt man sich eher wie in einer Privatresidenz, in der der Besitzer die Gäste persönlich empfängt und sich um ihren Aufenthalt kümmert. Das Gebäude selbst stammt aus dem Jahr 1885 und ist seit Ende der 1950er-Jahre ein Hotel.

429 PALÁCIO RAMALHETE

Rua das Janelas
Verdes 92
Lapa ③
+351 21 393 1380
www.palacio-ramalhete.com

Dieser Palast, der sich vor dem Nationalen Museum für Alte Kunst befindet, soll Schauplatz einer der berühmtesten Romane Portugals, *Die Maias*, sein. Das exklusive Hotel verfügt nur über zwölf Zimmer und Suiten in den Wohnbereichen des Herrenhauses. Im hinteren Teil befindet sich ein gemütlicher Garten mit einem kleinen Pool.

430 THE LATE BIRDS

Travessa André
Valente 21–21A
Bairro Alto ⑤
+351 93 300 0962
www.thelatebirds
lisbon.com

Dieses charmante und schwulenfreundliche Hotel liegt etwas versteckt im Herzen eines der angesagtesten Viertel der Stadt, am Rande von Bairro Alto und Santa Catarina. Nachdem Sie durch die unauffällige Tür eingetreten sind, finden Sie auf vier Etagen zwölf wunderschön eingerichtete Zimmer, einen idyllischen Pool und eine Lounge-Bar.

Die 5 besten
HOSTELS

431 THE INDEPENDENT

Rua de São Pedro de
Alcântara 83
Chiado ⑥
+351 21 346 1381
www.theindependente.pt

Dieses Hostel befindet sich in zwei alten Herrenhäusern, die zum Aussichtspunkt von Lissabon hin ausgerichtet sind, dem Garten an der Kreuzung von Chiado, Bairro Alto und Príncipe Real – zweifellos die beste Lage der Stadt. Hier finden Sie Zimmer im Schlafsaal-Stil und vier Suiten für anspruchsvollere Gäste.

432 LISBOA LOUNGE HOSTEL

Rua São Nicolau 41
Baixa ⑥
+351 21 346 2061
www.lisbonlounge
hostel.com

Das mit dem Preis der *Times* für das »beste Boutique-Hostel der Welt« ausgezeichnete Hostel übertrifft die Erwartungen, die die meisten Menschen an diese Art von Unterkunft stellen. Die Einrichtung ist hochwertig und nutzt den Charakter des Gebäudes optimal aus.

433 LISB'ON HOSTEL

Rua do Ataíde 7A
Baixa ⑥
+351 21 346 7413
lisb-onhostel.com

Dieses Hostel in Santa Catarina gehört zu den besten der Welt und bietet eine atemberaubende Aussicht und eine elegante Ausstattung. Es verfügt über eine Terrasse mit Blick auf den Fluss und Gemeinschaftsräume für Gäste, die sich bei einem Drink oder einer Partie Billard unterhalten wollen.

434 HOME LISBON

Rua São Nicolau 13
Baixa ⑥
+351 21 888 5312
www.homelisbon
hostel.com

Was die familiäre Atmosphäre angeht, ist dieses Hostel unschlagbar – selbst die Mahlzeiten werden von der Mutter des Besitzers zubereitet. Es ist in einem Gebäude aus dem 18. Jahrhundert untergebracht und verfügt über große Zimmer mit Balkon, ein gemütliches Wohn- und Esszimmer und einen Außenbereich, auf dem man die Sonne genießen kann.

435 LISBON DESTINATION HOSTEL

Largo do Duque de
Cadaval 17
Baixa ⑥
+351 21 346 6457
destinationhostels.com

Das originelle und denkwürdige Hostel befindet sich im Rossio-Bahnhof aus dem 19. Jahrhundert, einem der berühmtesten Gebäude der Stadt. In einem renovierten Bereich des Bahnhofs bietet es Schlafräume und einen Wintergarten. Das Hostel veranstaltet regelmäßig Veranstaltungen und Aktivitäten wie DJ-Auftritte und Filmabende.

431 THE INDEPENDENT

45 AKTIVITÄTEN FÜRS WOCHENENDE

Die 5 besten
SOMMERFESTIVALS

---

436 NOS ALIVE
www.nosalive.com

Dieses fantastische Musikfestival, vielleicht das größte jährliche Festival in Portugal, zieht über 100.000 Menschen an und dauert drei Tage. Das Line-up besteht aus internationalen Bands, von denen einige sehr bekannt sind. In den vergangenen Jahren sind Pearl Jam, Smashing Pumpkins, Metallica und die Black Eyed Peas aufgetreten.

437 OUT JAZZ
www.ncs.pt/outjazz.php

Out Jazz ist mehr als ein Jazzfestival – es ist ein Fest der Musik im Freien, das über einen Zeitraum von fünf Monaten mit Konzerten jeden Samstag und Sonntag von Mai bis September an schönen Orten wie Parks, Plätzen und Aussichtspunkten rund um Lissabon stattfindet. Die Musik ist hauptsächlich Jazz, live gespielt, aber es treten auch gute lokale DJs auf. Der Eintritt ist frei.

438 EDP COOL JAZZ FEST
www.edpcooljazz.com

Dieses qualitativ hochwertige Festival findet in Oeiras, einem Vorort von Lissabon am Meer, an zwei Orten statt: Der eine ist der Garten eines beeindruckenden Palastes aus dem 18. Jahrhundert (für die intimeren Konzerte), der andere ein Fußballstadion (für größere Veranstaltungen). Das etwas gehobenere Festival zieht in der Regel ein etwas älteres Publikum an.

439 FESTIVAL AO LARGO
www.festivalaolargo.pt

Festival ao Largo heißt übersetzt »Festival auf dem Platz«; es ist also keine Überraschung, dass es auf dem kleinen Platz direkt vor dem Theater von São Carlos in Chiado stattfindet. Hierher kommen Musikliebhaber, die klassische Musik von führenden portugiesischen Symphonieorchestern, Chören und Opernsängern genießen wollen.

440 CAIXA ALFAMA
www.caixaalfama.pt

Dieses sehr originelle Festival mit nicht weniger als zehn verschiedenen Pop-up-Bühnen in Alfama begrüßt die größten Namen des Fado, aber auch einige weniger bekannte Amateursänger – insgesamt mehr als 40 Künstler.

5 interessante
FÜHRUNGEN

---

441 TASTE OF LISBOA
+351 91 560 1908
www.tasteoflisboa.com

Filipa Valente führt ihre Gäste persönlich auf leckeren Spaziergängen durch einige der interessantesten Stadtviertel von Lissabon, natürlich aus kulinarischer Sicht. Die Führungen sind sehr informativ und bringen die Gäste an Orte, die sie auf eigene Faust nie entdecken würden.

442 TUK TUK LISBOA
www.tuk-tuk-lisboa.pt

Wenn Sie durch die touristischsten Stadtviertel von Lissabon laufen, werden Sie Dutzende von Tuk-Tuks sehen, die Besucher hin- und herfahren. Diese lustigen Fahrzeuge sind eine gute Möglichkeit, die Stadt zu besichtigen, vor allem, weil ihre Fahrer gut ausgebildet, freundlich und sachkundig sind, was die Geschichte und Traditionen von Lissabon und seiner lokalen Bevölkerung angeht.

443 GOCAR

Rua dos
Douradores 16
Baixa ⑥
+351 21 096 5030
www.gocartours.com

GoCar ist ein »GPS-geführtes Erzähl-auto«, das gemietet und durch die Stadt gefahren werden kann, um die weniger bekannten Ecken der Stadt zu erkunden. Das GPS-System sorgt dafür, dass sich die Kunden/Fahrer nicht in der Stadt verirren, und informiert gleichzeitig über die Sehenswürdigkeiten und Denkmäler.

444 SEGWAY TOURS

Campo das Cebolas 21
Sé ⑦
+351 91 300 8027
www.lisbon
segwaytours.pt

Unkonventionelle Touren mit Spaß-fahrzeugen und lustigen Reiseleitern – Letztere sind energisch, sehr kommunikativ und kennen die Stadt wie ihre Westentasche. Es ist eine lustige Fahrt, die nicht nur Ihre Fahrkünste auf die Probe stellt, sondern Ihnen auch Nervenkitzel beschert.

445 LISBON HELICOPTERS

+351 21 301 1794
www.lisbon
helicopters.com

Lissabon ist eine der schönsten Städte der Welt, und es gibt keinen besseren Weg, ihre ganze Pracht zu entdecken, als sie aus der Luft zu betrachten. Also steigen Sie in einen Hubschrauber, der Sie über die Altstadt, entlang des Flusses, vorbei an der Ponte 25 da Abril bis zur Mündung des Tejo, wo der Fluss in das weite offene Meer mündet, fliegen wird. Es ist eine einmalige Erfahrung.

Die 5 besten Orte, um
NACH EINBRUCH DER DUNKELHEIT ZU FEIERN

446 BAIRRO ALTO
Bairro Alto ⑤

Bairro Alto ist immer noch in der Pole-position, was das Nachtleben in Lissabon angeht, und es hat die mit Abstand größte Konzentration an Bars in der Stadt. Die Straßen dieser Altstadt sind immer gut besucht dank der jungen Leute, die Barhopping betreiben und sich dabei sehr entspannt und unbeschwert unterhalten und trinken.

447 CAIS DO SODRÉ
Cais do Sodré ⑥

Dieses einst schäbige Viertel in der Altstadt wurde in nur einem Jahr schick. Heute ist es der pulsierendste und coolste Stadtteil des Nachtlebens, in dem jeden Monat neue Bars und Restaurants entstehen. Dreh- und Angelpunkt ist die Rua Cor de Rosa (S. 230), in der sich die beliebtesten Bars befinden. Der nahe gelegene Mercado da Ribeira (S. 231) eignet sich hervorragend für ein Abendessen, bevor die Party beginnt.

448 PRÍNCIPE REAL
Príncipe Real ⑤

Príncipe Real ist vieles, unter anderem ein Ausgehviertel, vor allem was die Restaurants betrifft. Die Bars schließen hier eher als im benachbarten Bairro Alto. Dennoch weisen die Straßen, die zur Praça das Flores hinuntergehen, ein paar nette Plätze für einen Drink auf (einige von ihnen zielen auf die Schwulengemeinde ab). Die Lokale hier ziehen im Allgemeinen ein älteres Publikum an als die Bars in Bairro Alto.

449 ALCÂNTARA
Alcântara ①

Alcântara ist seit den 1980er-Jahren ein beliebtes Ziel für das Nachtleben. Immer noch ist es der richtige Ort, wenn man in einem Club tanzen gehen will. Was die Barszene angeht, sind die Möglichkeiten eher begrenzt, aber die Eröffnung von LX Factory hat diesem Bereich einen Schub gegeben – es ist ein großartiger Ort, um die Nacht zu beginnen.

450 AVENIDA 24 DE JULHO
Santos ⑦

Avenida 24 de Julho ist eine breite Straße, die an die Eisenbahnschienen und den Fluss grenzt. Auf beiden Seiten gibt es zahlreiche Bars und Clubs, namentlich die bekannten Main, Kais, Urban Beach, Meninos do Rio oder B. Leza. Es gibt unzählige Möglichkeiten zum Feiern, unabhängig von Alter, Lebensstil oder musikalischen Vorlieben.

5 Orte, um
NEUE LEUTE
zu treffen

---

451 RUA COR DE ROSA
Rua Nova do
Carvalho
Cais do Sodré ⑥

Die »Pink Street« ist Lissabons Top-adresse, wenn es darum geht, neue Leute kennenzulernen. Diese kleine Straße ist die Heimat einer Reihe von angesagten Bars. Wenn es drinnen keinen Platz mehr gibt, verweilen die Leute einfach draußen auf der Straße und reden und trinken. An Wochenendabenden ist die Straße voll, aber die Stimmung immer entspannt, lustig und sehr sicher.

452 PARK
Bairro Alto ⑤

Das Dach dieses Parkhauses wurde in eine Bar mit Blick auf die Altstadt und den Fluss verwandelt. Es hat einen kleinen Innenbereich und eine große Terrasse mit Bäumen in Töpfen. Die Leute sitzen draußen und die Stimmung ist sehr locker und lustig.

453 QUIOSQUE DO OLIVEIRA
Praça do Príncipe
Real
Príncipe Real ⑤

Dieser winzige Kiosk an der Ecke des Gartens von Príncipe Real ist sehr beliebt bei den BCBG-Einheimischen, die sich am späten Nachmittag zu einem Drink nach der Arbeit oder vor dem Abend-essen in der Nachbarschaft treffen.

454 CHAPITÔ

Costa do Castelo 1
Castelo ⑦
+351 21 885 5550
www.chapito.org

Chapitô ist eine sehr interessante und vielseitige Kulturinstitution, die sich der Zirkuskunst widmet. Das Restaurant und die Bar der Schule erfreuen sich großer Beliebtheit. Die Gäste kommen wegen des atemberaubenden Ausblicks auf die Stadt, der ausgefallenen kulturellen Aktivitäten der Schule und der preisgünstigen Speisen und Getränke.

455 MERCADO DA RIBEIRA

Avenida 24 de
Julho 50
Cais do Sodré ⑥

Der renovierte Mercado da Ribeira ist zweifellos der wichtigste Treffpunkt von Lissabon. An jedem Tag der Woche geöffnet, ist er das Zuhause der internationalen Besucher der Stadt. Sie gehen dorthin, um die große Auswahl an Speisen und Getränken zu genießen und Kontakte mit Einheimischen und anderen Besuchern zu knüpfen.

453 QUIOSQUE DO OLIVEIRA

Die 5 besten Orte für
KONZERTE

456 AULA MAGNA

Almada da
Universidade
Av. Prof. Gama Pinto 3
Avenidas Novas ⑧
+351 21 011 3406
www.aulamagna.pt

Dies ist das Amphitheater der Universität von Lissabon. Hier finden die Veranstaltungen der Universität statt, aber auch andere Ereignisse, zumeist musikalischer Natur. Die Aula Magna befindet sich auf dem offenen Campus der Universität in der Nähe von Campo Grande und bietet 1653 Zuschauern Platz, was es zu einem der größten der Stadt macht.

457 GULBENKIAN

Avenida de Berna 45A
Avenidas Novas ⑧
+351 21 782 3000
www.gulbenkian.pt

Das *grande auditório* der Calouste-Gulbenkian-Stiftung wurde 1969 erbaut, um die vielfältigen kulturellen Veranstaltungen der Stiftung zu beherbergen. Mit einer maximalen Kapazität von 1228 Plätzen wird das Auditorium vor allem für Konzerte von Symphonie- oder Kammerorchestern und für Ensemblekonzerte genutzt, eignet sich aber auch für Theaterstücke, Tanzshows und Opern.

458 CCB

Praça do Império
Belém ②
+351 21 361 2400
www.ccb.pt

Das Hauptauditorium des Centro Cultural de Belém ist das größte der Stadt, präsentiert regelmäßig Musik-, Tanz- und Theateraufführungen von Weltrang und bietet das beste Kulturprogramm der Stadt. Besonders hervorzuheben sind die alljährlich im Frühling stattfindenden *Dias da Música* (Musiktage), bei denen es mehrere Konzerte klassischer Musik gibt, die für jedermann zugänglich sind.

459 MEO ARENA

Rossio dos Olivais
Parque das Nações ⑩
Lote 2.13.01 A
+351 21 891 8409
www.meoarena.pt

An diesem Ort am Fluss im Parque das Nações finden die größten Konzerte und Veranstaltungen statt. Mit einer Kapazität von 15.000 Zuschauern hat die Meo Arena bereits Künstler wie Madonna, Lady Gaga, Coldplay und Rihanna empfangen. Außerdem fanden hier Sportveranstaltungen wie die Tennis-Masters-Meisterschaften und sogar ein Nato-Weltgipfel statt.

460 COLISEU DOS RECREIOS

Rua das Portas de
Santo Antão 96
Av. da Liberdade ④
+351 21 324 0580
www.coliseulisboa.com

Das prächtige Coliseu dos Recreios wurde Ende des 18. Jahrhunderts für Großveranstaltungen erbaut. Mehr als 100 Jahre später gibt es den Konzertsaal immer noch; er eignet sich für Musik-, Zirkus- und Theateraufführungen, aber auch für politische und gesellschaftliche Veranstaltungen und Galas und bietet Platz für bis zu 7000 Zuschauer.

5 nette
TAGESAUSFLÜGE

---

461 MAFRA

Eine 30-minütige Autofahrt bringt Sie von Lissabon nach Mafra, wo Sie den königlichen Palast und das Kloster (sowie die königlichen Jagdreviere) mit 900 Zimmern besuchen können, die 1717 von König João V. zum Gedenken an die Geburt seiner Tochter erbaut wurden.

462 SINTRA

Dieses Bergdorf, das zum UNESCO-Weltkulturerbe gehört, ist voll von märchenhaften Palästen, Schlössern, üppigen Gärten und herrlichen Aussichtspunkten. Zu den top Sehenswürdigkeiten gehören die Paläste Pena, Monserrate, Vila und Regaleira. Es ist ein mystischer Ort, an dem der Legende nach die Kelten den Mond verehrten.

463 CASCAIS

Die gemütliche Fahrt nach Cascais verläuft entlang des Flusses und des Meeres: Es ist eine der schönsten landschaftlichen Routen der Welt. Cascais ist ein perfektes Ziel für einen Tag am Strand, ein Fischgericht, einen Promenadenspaziergang oder einen Einkaufsbummel.

464 ARRÁBIDA

Die malerischen Straßen des Arrábida-Gebirges bieten dramatische Ausblicke auf die Berge, die bis zum blauen Meer abfallen, die weißen Sandstrände, die Halbinsel Tróia und die Mündung des Flusses Sado. Es ist unbeschreiblich schön. In Azeitão gibt es ausgezeichnete Wein- und Käseverkostungen.

465 ÉVORA

Die Hauptstadt der Region Alentejo ist das wichtigste Reiseziel im Landesinneren Portugals. Als UNESCO-Weltkulturerbe ist die Stadt sehr angenehm zu Fuß zu erkunden. Zu den wichtigsten Sehenswürdigkeiten gehören der römische Diana-Tempel, der Cadaval-Palast, die Kathedrale, der Giraldo-Platz und die Knochenkapelle.

462 SINTRA

Die 5 schönsten **STRÄNDE IN DER UMGEBUNG VON LISSABON**

466 **GUINCHO**

Dieser meist recht windige Strand (beliebt bei Wind- und Kitesurfern) ist der schönste der Küste von Lissabon und Cascais, mit den Sintra-Hügeln und den Dünen als natürliche Kulisse. Der nördliche Teil des Strands ist weitaus ruhiger.

467 **COSTA DA CAPARICA**

Auf der anderen Seite des Tejo liegt der Küstenort Costa da Caparica, das beliebteste Strandziel der *Lisboetas*. Jeder Strand hat sein eigenes Flair, die meisten mit tollen Strandbars und Meeresfrüchte-Restaurants. Die besten Strände sind São João, Morena und Sereia.

468 **MECO**

Dieser weite, offene Strand ist bei den Familien der Region sehr beliebt, an seinen Rändern gibt es traditionell Bereiche für FKK-Anhänger. Die berühmte Bar do Peixe serviert großartige Fisch- und Meeresfrüchtegerichte und organisiert Sonnenuntergangspartys im Sommer.

469 ADRAGA

Die Leute fahren nach Adraga wegen der Schönheit der Landschaft (ein unberührter Sandstrand, der durch seine hohen Klippen vor Wind geschützt ist), dem fantastischen Fischrestaurant (probieren Sie den gegrillten Fisch, die *percebes* und die *bruxas*) und der Tatsache, dass es dort selten zu voll ist.

470 PORTINHO DA ARRÁBIDA

Viele Leute nennen ihn den schönsten Strand Portugals. Die Hauptvorteile dieses Strandes, der den Namen »Arrábida: kleiner Hafen« trägt, sind die Farbe seines kristallklaren Wassers und der Naturpark als Hintergrund. Es gibt eine begrenzte Anzahl an Parkplätzen, die etwas weiter vom Strand entfernt sind. Also seien Sie darauf vorbereitet, einige Meter zu Fuß zu gehen.

466 GUINCHO

Die 5 besten

KLEINEN KINOS UND THEATER

---

471 CINEMA IDEAL

Rua do Loreto 15–17
Chiado ⑥
+351 21 099 8295
www.cinemaideal.pt

Dieses Kino aus dem Jahr 1904 ist das älteste in Lissabon. Es wurde vor Kurzem renoviert, hat aber sein ursprüngliches Flair nicht verloren. Cinema Ideal ist mehr als nur ein Kino, es ist ein kultureller Ort, der nicht zum Mainstream gehört (er ist auch offen für andere Künste) und zeigt Filme, die unabhängig oder klassisch sind. Hier sind die Oldies angesagt, die in den Standardkinos nur selten zu sehen sind.

472 LISBON PLAYERS

Rua da Estrela 10
Estrela ③
+351 21 396 1946
www.lisbonplayers.
com.pt

Das Spielertheater von Lissabon befindet sich im Estrela-Saal, einem Gebäude aus dem Jahr 1906. Es handelt sich um ein gemütliches Theater, in dem sich auch die gleichnamige Amateurtheatergruppe befindet, die als einzige in Lissabon seit Mitte des 20. Jahrhunderts ein ausschließlich englisches Repertoire aufführt.

473 **A BARRACA**

Largo de Santos 2
Santos ③
+351 21 396 5360
www.abarraca.com

Das A-Barraca-Theater wurde 1975 gegründet und gehörte zu einer Generation unabhängiger experimenteller Theatergruppen, die in Portugal in der Zeit nach der Revolution entstanden sind. Das Unternehmen nutzt das Cinearte-Theater in Santos, ein modernes und industrielles Gebäude aus den 1930er-Jahren, in dem auch andere Initiativen wie Tango-Sessions stattfinden.

474 **TEATRO DO BAIRRO**

Rua Luz Soriano 63
Bairro Alto ⑤
+351 21 347 3358
www.teatrodo
bairro.org

Dieses Theater befindet sich in einer ehemaligen Druckerei. Es ist kein traditionelles Theater, vielmehr besteht das Programm aus ausgefallenen alternativen Stücken, Musikkonzerten, Partys und unabhängigen Filmvorführungen.

475 **CINEMATECA**

Rua Barata
Salgueiro 39
Av. da Liberdade ④
+351 21 359 6200
www.cinemateca.pt

Cinemateca ist das Filmmuseum von Lissabon, eine staatliche Kulturinstitution, die das portugiesische Filmerbe bewahrt. Die fast täglich stattfindenden Vorführungen reichen von portugiesischen Filmen über ausländische Klassiker bis hin zu Independent-Filmen. Es gibt auch regelmäßig thematische Filmfestivals.

Die 5 besten Orte für eine
JOGGINGRUNDE

---

476 TAGUS PROMENADE
Belém ②

Gibt es einen besseren Ort zum Joggen als die zehn Kilometer lange Uferpromenade, die entlang des Tejo vom Terreiro do Paço (S. 186) bis Belém (S. 148) führt? Die Landschaft ist überwältigend. Entlang des Wegs gibt es viele interessante Punkte wie die Docks, das Elektrizitätsmuseum, das Padrão dos Descobrimentos (S. 187) und den Belém-Turm (S. 128).

477 PAREDÃO

Diese Uferpromenade führt von Paço de Arcos bis nach Cascais (S. 234) am Meer entlang. Sie bietet eine wunderschöne Landschaft und ermöglicht Sportbegeisterten, die Meeresbrise und den Strand während des Trainings zu genießen. Es gibt viele Restaurants und Cafés.

478 CAMPO GRANDE
Avenidas Novas ⑧

Der erst kürzlich sanierte Stadtpark aus dem 19. Jahrhundert bietet Picknick- und Kinderspielplätze, Sportanlagen, mehrere Padel-Tennisplätze, ein Restaurant, einen See und eine Laufstrecke, auf der Jogger in einer städtischen und gleichzeitig grünen Umgebung laufen können.

479 ESTÁDIO NACIONAL
Algés ①

Estádio Nacional, auch Jamor genannt, ist Portugals Nationalstadion und Sportkomplex. Es nimmt ein weitläufiges Grundstück am Stadtrand ein und verfügt über ein Fußballstadion, mehrere Rugby- und Fußballfelder, einen Tennisclub, eine Golfakademie und ausgedehnte Laufbahnen.

480 MONSANTO
Monsanto

Dieser Stadtwald ist einer der größten der Welt (über 1000 Hektar) und bietet eine Vielzahl von Jogging-Möglichkeiten auf verschiedenen Untergründen, von Asphalt bis Kies. Mitten im Wald gibt es Dutzende von Kilometern an Strecken, die auch Trailrunner und BMX-Fahrer anziehen.

476 TAGUS PROMENADE

481 FERNANDO PESSOA

20
WISSENSWERTE
DINGE

Die 5 bekanntesten Persönlichkeiten, die **IN LISSABON GEBOREN** sind

---

481 FERNANDO PESSOA

Portugals berühmtester moderner Schriftsteller und Dichter wurde 1888 in Lissabon geboren, verfasste seine Texte aber ebenso auf Englisch, nachdem er einen Teil seiner Kindheit in Südafrika verbracht hatte. Er schrieb (und veröffentlichte) unter eigenem Namen, hatte aber auch mehrere Pseudonyme, fiktive Charaktere mit unterschiedlichen literarischen Stilen – nur eines der vielen Elemente, die sein Genie und Talent illustrieren.

482 AMÁLIA RODRIGUES

Amália Rodrigues hat in Portugal keinen musikalischen Konkurrenten, und das wird wahrscheinlich auch nie der Fall sein. Diese legendäre Fado-Diva wurde in Lissabon in einer einfachen Familie geboren und erlangte dank ihrer Stimme, ihrer Schönheit und ihrer starken Persönlichkeit große Popularität. Sie sang auf der ganzen Welt und nahm Portugals Namen und Traditionen überallhin mit. Die Künstlerin wurde im Nationalen Pantheon (S. 130) begraben.

483 LUÍS VAZ DE CAMÕES

Camões ist der Autor des berühmten epischen Gedichts *Die Lusiaden*, das 1572 veröffentlicht wurde. Es ist eine poetische und mythologische Erzählung der portugiesischen Geschichte und der Reise von Vasco da Gama nach Indien. Camões selbst war ein Abenteurer und verbrachte Zeit in Indien und Macao. Er gilt als einer der größten Dichter aller Zeiten.

484 SANTO ANTÓNIO

Der in Lissabon geborene Heilige Antonius war ein Gelehrter und ein anerkannter Theologe, der im 13. Jahrhundert lebte. Später in seinem Leben zog er nach Italien, in die Stadt Padua, und wurde als Sankt Antonius von Padua bekannt. Er gilt traditionell als Heiratsvermittler, und während des Stadtfests im Juni ist es Tradition, dass die *Noivas de Santo António* (Bräute des Hl. Antonius) in einer Gruppenzeremonie heiraten.

485 DER MARQUIS OF POMBAL

Der erste Marquis von Pombal war ein Staatsmann des 18. Jahrhunderts, der als Premierminister unter König José dem Ersten diente. Unter seiner Herrschaft erlitt Lissabon ein schweres Erdbeben, das die Stadt fast vollständig zerstörte. Pombal wird hoch geschätzt, weil er nach der Katastrophe Führungsstärke bewies und ein großer Reformator war. (Manchmal sogar zu stark; er war grausam zu seinen Feinden.)

5 der besten
ARCHITEKTEN AUS LISSABON

486 AIRES MATEUS
www.airesmateus.com

Die Brüder Manuel und Francisco Aires Mateus, die an der Spitze des Architekturbüros stehen, das ihren Familiennamen trägt, sind die beiden führenden Architekten nach der Revolution in Portugal. Ihre umfangreiche Liste von Realisierungen umfasst viele Gebäude in Lissabon, namentlich das neue EDP-Hauptquartier (S. 134) und das Pfarrhaus der Universidade Nova de Lisbon.

487 GONÇALO BYRNE
www.byrnearq.com

Der 1941 geborene Gonçalo Byrne ist einer der meistausgezeichneten zeitgenössischen Architekten Portugals und außerdem Professor für Architektur an der renommierten Harvard-Universität. Der von ihm entworfene Turm (S. 132), in dem sich die Koordinierungs- und Kontrollzentrale für den Seeverkehr befindet, ist bereits ein Wahrzeichen der Stadt und wird ihm in Lissabon architektonische Unsterblichkeit verleihen.

488 CARRILHO DA GRAÇA
www.jlcg.pt

João Luís Carrilho da Graça hat an vielen Architekturprojekten in Lissabon gearbeitet bzw. arbeitet auch heute noch an diesen Projekten, sowohl im Wohn- als auch im kommerziellen und öffentlichen Bereich. Zu seinen wichtigsten Bauwerken zählen das Orientmuseum, der Pavillon der Meereskunde, die Deutsche Schule von Lissabon und das künftige Kreuzfahrtterminal.

489 MANUEL SALGADO
www.risco.org

Derzeit ist er die Nummer zwei der Stadtgemeinde, die für den Städtebau zuständig ist, aber davor war Manuel Salgado Partner des erfolgreichen Architekturbüros Risco. Während dieser Zeit entwarf er mehrere bedeutende Gebäude in der Stadt, darunter das Kulturzentrum Belém (mit dem Architekten Vittorio Gregotti), das Hotel Altis Belém und öffentliche Plätze im Parque das Nações.

490 ÁLVARO SIZA VIEIRA
www.alvarosiza vieira.com

Er kommt nicht wirklich aus Lissabon – er wurde in Porto geboren –, aber trotzdem ist der Pritzker-Preisträger Álvaro Siza Vieira hauptsächlich in Lissabon tätig. Einige seiner Konstruktionen haben internationale Anerkennung erlangt. Das gilt für den ikonischen Pavillon Portugals (S. 132) ebenso wie für die Restaurierung des Chiado-Viertels (S. 154), das durch einen Brand schwer beschädigt wurde.

5 wichtige Tage in
LISSABONS GESCHICHTE

491 CONQUEST OF LISBON

Lissabon war einst die Hauptstadt des maurischen Regimes, das das heutige Portugal beherrschte. Die militärische Aktion, bei der die Stadt von den Mauren zurückerobert wurde, wird als Belagerung von Lissabon bezeichnet und gilt als einer der wenigen militärischen Erfolge des Zweiten Kreuzzugs. Die Belagerung dauerte vom 1. Juli bis zum 25. Oktober 1147 und spielte eine entscheidende Rolle bei der Rückeroberung Portugals.

492 1. JANUAR 1640

Portugal stand von 1380 bis 1640 unter spanischer Herrschaft, aber am 1. Dezember 1940 stürmten 40 aristokratische Rebellen unter dem Kommando des Herzogs von Bragança in den Palast des Königs und töteten seinen Staatssekretär. Sofort riefen sie vor den Augen der jubelnden Bevölkerung von Lissabon den Herzog, Johannes den Vierten, zum König aus.

493 1. NOVEMBER 1755

Am 1. November 1755, Allerheiligen, wurde Lissabon von einem schweren Erdbeben heimgesucht. Mit einer Stärke von 8,5 bis 9,0 auf der Richterskala war es eines der stärksten in der Geschichte der aufgezeichneten Erdbeben, gefolgt von ausgedehnten Bränden und einem verheerenden Tsunami. Etwa ein Drittel der Bevölkerung kam ums Leben und ein Großteil der Stadt wurde zerstört.

494 1. FEBRUAR 1908

Am 1. Februar 1908 wurden König Carlos und der Kronprinz auf ihrer Rückreise nach einem Aufenthalt im königlichen Jagdrevier von Vila Viçosa in Alentejo auf dem Platz Terreiro do Paço (S. 186) brutal ermordet. Sie hatten gerade den Fluss mit dem Boot überquert. Der Ermordung, durchgeführt von republikanischen Revolutionären, folgte eine Kette von Ereignissen, die 1910 zum Ende der Monarchie führte.

495 25. APRIL 1974

Die Revolution vom 25. April 1974 wird auch als Nelkenrevolution bezeichnet. Sie begann mit einem Militärputsch eines Teils der Streitkräfte, der das rechte Regime erfolgreich stürzte. Sie nennt sich »Nelkenrevolution«, weil es kaum Schüsse gab, und Bilder, die die Geschichte nacherzählen, zeigten bewaffnete Männer mit Nelken in den Läufen ihrer Maschinengewehre.

5 nützliche
WEBSEITEN

496 VISITLISBON.COM

www.visitlisbon.com

Die Webseite des Besucherbüros und des Kongressbüros von Lissabon ist eine unabhängige und informative Referenz für Besucher von Lissabon. Sie listet die Angebote der über 550 assoziierten Mitglieder auf und fasst relevante Informationen über die Stadt, ihre Traditionen und die Veranstaltungen zusammen.

497 TIME OUT

www.timeout.pt

Das *Time-Out*-Magazin ist eine großartige Quelle, um herauszufinden, was in einer Stadt passiert – sei es Lissabon oder New York. Die Website des Magazins enthält eine Fülle von Tipps, was man sehen, tun, essen, einkaufen und besuchen kann, und ist wahrscheinlich die aktuellste Informationsseite, die es gibt. Leider ist die Lissabon-Version nur in portugiesischer Sprache verfügbar.

498 A CIDADE NA PONTA DOS DEDOS

www.acidadenaponta dosdedos.com

Auf dieser Seite, deren Name »Die Stadt zum Anfassen« bedeutet, finden Sie alle Neuigkeiten der Stadt. Wenn Sie kein Portugiesisch verstehen, können Sie ein Online-Übersetzungswerkzeug verwenden, um die Tipps zu lesen. Leib und Seele dieses qualitativ hochwertigen, unabhängigen Projekts ist Sancha Trindade, eine lokale Bloggerin und Trendsetterin, die auch eine wöchentliche TV-Show hat.

499 AGENDA CULTURAL LISBOA

www.agendalx.pt

Agenda LX ist die Online-Kulturagenda von Lissabon. Die Webseite wird von der Stadtverwaltung gepflegt und ist der informativste und zugleich aktuellste Kulturdienst der Stadt. Sie ist nach Themen gegliedert, um die Navigation zu erleichtern: Freiluft, Kunst, Kino, Wissenschaft, Kinder, Tanz, Messen, Literatur, Musik, Theater und Führungen.

500 LISBOA CONVIDA

lisboa.convida.pt

Die ConVida-Stadtteilführer gibt es seit über zehn Jahren. Einheimische und Besucher finden hier Informationen, um in das Leben (insbesondere in Bezug auf Einkaufsmöglichkeiten, Restaurants, Bars und kulturelle Einrichtungen) vieler Lissabonner Stadtteile einzutauchen. Die Redakteure haben eine interessante Webseite ins Leben gerufen, auf der alle sehr nützlichen Inhalte verfügbar sind.

REGISTER

IMPRESSUM

© 2016 LUSTER, ANTWERPEN
DEUTSCHE ÜBERSETZUNG © 2018 BRUCKMANN VERLAG GMBH, MÜNCHEN
AUTOR — Miguel Júdice
FOTOS — Manuel Gomes da Costa
COVERFOTO — Jardim Botânico
LAYOUT — Joke Gossé
DEUTSCHE ÜBERSETZUNG — Marlon Kocherscheidt
PROJEKTLEITUNG — Alexandra Carsten
LEKTORAT — Anne Köhler
KORREKTORAT — Helga Peterz
HERSTELLUNG — Alexander Knoll

Printed in Slovenia by Florjancic

ISBN 978-3-7343-1224-3

Alle Angaben dieses Werkes wurden von den Autoren sorgfältig recherchiert und auf den neuesten Stand gebracht sowie vom Verlag geprüft. Für die Richtigkeit der Angaben kann jedoch
keine Haftung übernommen werden.

Sind Sie mit diesem Titel zufrieden? Dann würden wir uns über Ihre Weiterempfeh-
lung freuen. Erzählen Sie es im Freundeskreis, berichten Sie Ihrem Buchhändler oder
bewerten Sie bei Onlinekauf. Und wenn Sie Kritik, Korrekturen, Aktualisierungen
haben, freuen wir uns über Ihre Nachricht an: Bruckmann Verlag, Postfach 40 02 09,
D-80702 München, oder per E-Mail an: lektorat@verlagshaus.de.

Unser komplettes Buchprogramm finden Sie unter  www.bruckmann.de

Die Deutsche Nationalbibliothek verzeichnet diese Publikation in der Deutschen National-
bibliografie; detaillierte bibliografische Daten sind im Internet über http://dnb.d-nb.de
abrufbar.